AF270723

N3合格！

日本語能力試験問題集

The Workbook for the Japanese Language Proficiency Test

N3 カタカナ語 スピードマスター

Quick Mastery of N3　Katakana Word
快速掌握 N3 外来语
N3 가타카나어 스피드 마스터
Nắm vững nhanh từ vựng katakana N3

棚橋明美・渡邉亜子・清水知子・大場理恵子 共著

Ｊリサーチ出版

突然ですが、みなさんは、旅行することになったら何をしますか。ちょっと考えてみましょう。まず、自分のスケジュールをチェックして、ネットでホテルやツアーを探したら、予約サイトにアクセスして、申し込みボタンをクリック！　大体こんな感じだと思いますが、あっという間に、カタカナ語が９語も使われています。

　こんなふうに生活の中で重要度が増してきているカタカナ語は、日本語能力試験の問題の中にも増えてきています。日常生活で何ができるかを表す Can-do リストでレベルを示す試験なら、当然でしょう。それなのに、カタカナ語は漢字と違って授業で扱われることはほとんどないようです。それもあってか、多くの学習者がなんとなく苦手意識を持っているようです。

　この本では、そんな学習者のみなさんがカタカナ語を楽しく学べるよう、日常生活に役立つ約 660 語を取り上げました。勉強していくうちに、リズムや表記にも慣れて自信がついていくはずです。さあ、カタカナ語へのチャレンジで、日本語のレベルをアップさせましょう！

著者一同

Think for a moment about what you might do after deciding to go on a vacation. まず、自分のスケジュールをチェックして、ネットでホテルやツアーを探したら、予約サイトにアクセスして、申し込みボタンをクリック！ (First you begin by checking your own schedule, then after looking up hotels and tours online, you might log on to a reservation site and with a click of a button, you're ready to go.) While this is how things generally go, you've also used nine katakana terms in the blink of an eye.

As katakana terms become more and more important in our lives, as illustrated in this example, they also appear more often in Japanese Language Proficiency Test questions. This seems natural for a test that indicates your level based on a can-do list that shows what you're capable of in daily life, and yet unlike kanji, katakana terms are rarely taught in classes. This, among other reasons, seems to be why many Japanese language learners feel like they have a somewhat difficult time with them.

This book covers 660 of these useful everyday katakana terms in a way that lets students like you learn them in a fun way. You should also begin to get used to the rhythms and writing of these terms as you study them. Now it's time to take on katakana terms and raise your Japanese level!

The Authors

试想一下，大家如果突然想去旅行时先做什么？ まず、自分のスケジュールをチェックして、ネットでホテルやツアーを探したら、予約サイトにアクセスして、申し込みボタンをクリック！（大概是先安排好时间，再在网上找饭店或旅行团体，然后搜索网上信息，点击报名吧。） 这短短的几句文字里就使用了 9 个外来语。

日常生活中不断增加的外来语，在日语能力测试中也不断地出现。进行日常生活中表示『会什么 / Can do』一览表的级别考试当然是要的，可是外来语跟汉字不同，课堂中基本上不教，也许正因为如此，许多学生多多少少都会有种棘手的感觉。

本书为了能让大家轻松愉快地掌握外来语，收集了日常生活中常用的 660 个外来语，一定能让您在学习中有自信地掌握其节奏和书写。让我们挑战外来语，提高您的日语水平吧！

全体著者

갑작스런 질문입니다만 , 여러분은 여행을 가게 되었다면 무엇을 하십니까 ? 잠시 생각을 해 봅시다 . まず、自分のスケジュールをチェックして、ネットでホテルやツアーを探したら、予約サイトにアクセスして、申し込みボタンをクリック！（ 우선 자신의 스케줄을 체크해서 인터넷으로 호텔이나 투어를 찾았다면 , 예약 사이트에 액세스해서 신청 버튼을 클릭！ ） 대체로 이렇게 하실 것입니다 . 순식간에 가타카나어가 9 개나 사용되었습니다 .

이처럼 생활 속에서 점점 중요도가 높아지고 있는 가타카나어는 일본어 능력시험 문제 속에서도 늘어나고 있습니다 . 일상생활에서 무엇을 할 수 있는가를 표시하는 Can-do 리스트로 레벨을 나타내는 시험이라면 당연하겠지요 . 그럼에도 불구하고 가타카나어는 한자와는 달리 수업에서 거의 다루지 않는 것 같습니다 . 그 때문인지 많은 학습자들이 왠지 부담을 느끼고 있는 것 같습니다 .

이 책에서는 그런 학습자 여러분들이 가타카나어를 즐겁게 배울 수 있도록 일상생활에 도움이 되는 660 여개의 어휘를 실었습니다 . 이 책으로 공부를 해 나가다 보면 리듬이나 표기에도 익숙해져 점점 자신이 생겨날 것입니다 . 자 , 여러분 가타카나어에 도전을 하여 일본어의 레벨을 높여 봅시다 .

저자 일동

Khi quyết định đi du lịch, bạn sẽ phải làm gì? Hãy thử cùng hình dung nào. まず、自分のスケジュールをチェックして、ネットでホテルやツアーを探したら、予約サイトにアクセスして、申し込みボタンをクリック！（Đầu tiên, bạn phải kiểm tra lại lịch của mình, sau đó lên mạng tìm khách sạn hoặc tua du lịch, rồi truy cập vào trang đăng ký và nhấn nút để đăng ký!） Hình dung chung thì sẽ đơn giản như vậy, nhưng để mô tả lại thì đã có đến 9 từ katakana được sử dụng.

Những từ katakana được sử dụng ngày càng nhiều trong sinh hoạt hàng ngày như trên thì trong kỳ thi năng lực tiếng Nhật cũng sẽ được gia tăng. Kỳ thi năng lực tiếng Nhật đánh giá trình độ thí sinh thông qua bảng Tự đánh giá khả năng Can-do, để kiểm tra khả năng sử dụng tiếng Nhật trong sinh hoạt hàng ngày. Vì vậy việc ngày càng có nhiều từ katakana xuất hiện trong kỳ thi là điều dễ hiểu. Tuy nhiên, khác với chữ Hán, từ vựng katakana hầu như không được giảng dạy trong giờ học. Điều đó có thể khiến cho nhiều người học cảm thấy mình không giỏi về từ katakana.

Cuốn sách này đã thu thập khoảng 660 từ katakana thường gặp trong cuộc sống hàng ngày để giúp bạn có thể học từ katakana một cách dễ dàng. Thông qua học tập, bạn sẽ dần quen thuộc với nhịp điệu và cách viết, qua đó giúp bạn tự tin hơn với từ katakana. Hãy cùng nhau thử thách với các từ katakana để nâng cao khả năng tiếng Nhật!

Nhóm tác giả

目次
もくじ
Table of contents ／目录／목차／Mục lục

PART 4

試験に出る基本カタカナ語を完全にマスターしよう！ N3〜N5 660語・・105

Fully master katakana terms that will show up on tests! N3-N5 660 terms ／彻底掌握考试中出现的外来语！ N3-N5 660 句
시험에 나오는 가타카나어를 완전히 마스터하자！ N3-N5 660 어／ Hãy nắm vững từ vựng katanaka sẽ xuất hiện trong kỳ thi！ N3-N5 660 từ

実戦問題　語彙／情報検索

Test-style Questions: Vocabulary, Information Lookup ／实战练习问题：词汇、情报检索
／정보 검색 s 실전 문제 , 어휘／ Tìm kiếm thông tin: Kiểm tra thực hành, Từ vựng

別冊 解答・解説

Separate volume: answers, commentary ／分册　解答、说明／별책 해답·해설／ Phần đáp án - hướng dẫn giải

PART 1

▶ N5 復習ドリル（2回）
ふくしゅう　　　　かい

N5 practice drills (2x) ／ N5 复习练习问题（两套）／ N5　복습 연습 문제（2 회）／ Bài ôn tập N5 (2 lần)

▶ 実力テスト
じつりょく

日本語能力試験と同じ形式の問題。
にほんごのうりょくしけん　　おな　　けいしき　　もんだい

Practical test: Questions using the same format as the Japanese Language Proficiency Test
实力测试：和日语能力测试形式相同的问题。
실력 테스트 : 일본어 능력시험과 같은 형식의 문제
Kiểm tra thử năng lực: Kiểu câu hỏi cùng dạng với kỳ thi năng lực tiếng Nhật.

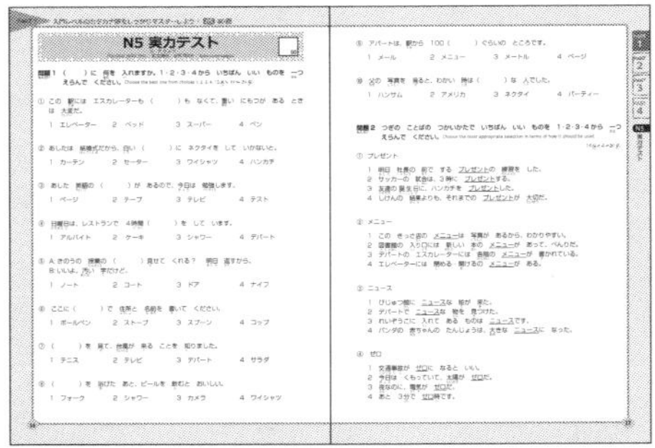

▶ N5 カタカナ語リスト※
ご

N5 katakana term list ／ N5 外来语一览表／ N5 가타카나어 리스트／ Danh sách từ vựng katakana N5

PART 2

▶ N4 復習ドリル（2回）
ふくしゅう　　　　かい

N4 practice drills (2x) ／ N4 复习练习问题（两套）／ N4　복습 연습 문제（2 회）／ Bài ôn tập N4 (2 lần)

▶ 実力テスト
じつりょく

日本語能力試験と同じ形式の問題。
にほんごのうりょくしけん　　おな　　けいしき　　もんだい
Practical test: Questions using the same format as the Japanese Language Proficiency Test
实力测试：和日语能力测试形式相同的问题。
실력 테스트 : 일본어 능력시험과 같은 형식의 문제
Kiểm tra thử năng lực: Kiểu câu hỏi cùng dạng với kỳ thi năng lực tiếng Nhật.

▶ N4 カタカナ語リスト※
ご

N4 katakana term list ／ N4 外来语一览表／ N4　가타카나어 리스트／ Danh sách từ vựng katakana N4

PART 3

1. イメージで覚えよう

絵の内容に合ったカタカナ語を選びます。
Use images to remember : Choose the katakana term that matches the image.
用感觉来记：选择符合插图意思的外来语
이미지로 외우자 : 그림의 내용에 맞는 가타카나어를 고릅니다.
Hãy ghi nhớ dựa vào hình ảnh : Chọn từ katakana phù hợp với hình vẽ.

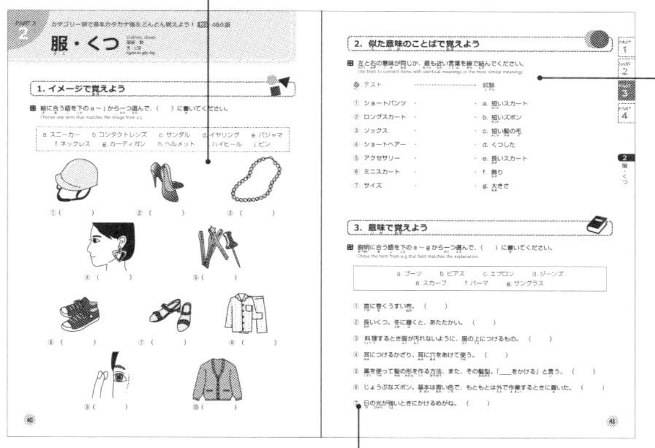

2. 似た意味の言葉で覚えよう

カタカナ語と同じような意味の語を選びます。
Use words with similar meanings to remember: Choose the meaning that is the same as the katakana term.
用相似意思的词语来记：选择与外来语意思相同的词语。
비슷한 뜻의 단어로 외우자 : 가타카나어와 같은 뜻의 낱말을 고릅니다.
Hãy ghi nhớ cùng với từ gần nghĩa: Chọn từ gần nghĩa với từ katakana.

3. 意味で覚えよう

カタカナ語を正しく説明しているものを選びます。
Remember through meanings: Choose the correct explanation for the katakana term.
用其意思来记：选择正确解释外来语意思的句子。
의미로 외우자 : 가타카나어를 바르게 설명하고 있는 것을 고릅니다.
Hãy ghi nhớ dựa vào ý nghĩa : Chọn câu giải thích chính xác về từ katanaka.

4. 例文で覚えよう ※

例文の中で、カタカナ語の意味や使い方を確かめます。
Remember through example sentences: Confirm the meaning and usage of the katakana term from inside the example passage.
用例句来记：在例句中确认外来语的意思及用法。
예문으로 외우자 : 예문 안에서 가타카나어의 뜻과 사용법을 확인합니다.
Hãy ghi nhớ cùng với câu ví dụ: Kiểm tra ý nghĩa và cách sử dụng của từ katakana trong các câu ví dụ.

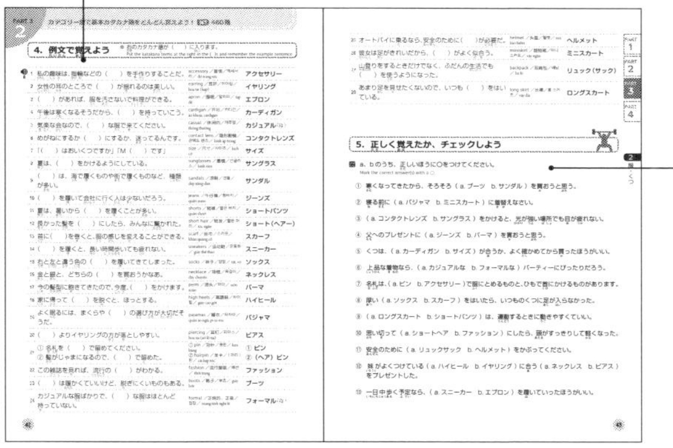

5. 正しく覚えたか、チェックしよう

文の内容に合うカタカナ語を選びます。
Check to see if you remember correctly : Choose the katakana term that matches the passage.
记正确了吗? 检查一下吧：选择与句子内容相符的外来语。
바르게 외웠는지 체크하자 : 문장의 내용에 맞는 가타카나어를 고릅니다.
Hãy kiểm tra bạn đã ghi nhớ chính xác chưa: Chọn từ katakana phù hợp với nội dung câu văn.

※ 単語の訳で「○○○（する）」の形の語（例 勉強（する））の場合、訳には不定詞または名詞などを対応させています。
For translated terms in the 「○○○（する）」form（例 勉強（する））, translations are given as infinitives, nouns and so on.
在单词的翻译中，像「○○○（する）」（例 勉強（する））这种形式的词语，以不确定词或名词等翻译。
단어의 번역에서 「○○○（する）」의 형태의 말（例 勉強（する））의 경우 번역에는 부정사 또는 명사 등을 대응시켰습니다.
Trong phần dịch, các động từ có dạng như 「○○○（する）」（例 勉強（する）） được dịch sang động từ nguyên thể hoặc danh từ v.v..

PART 4

日本語能力試験と同じ形式の問題。ここでは、語彙、情報検索（読解）の2タイプあります。

Questions using the same format as the Japanese Language Proficiency Test. There are two types here, vocabulary and information lookup.

与日语能力测试相同的问题，有词汇和信息检索两种模式。

일본어 능력 시험과 같은 형식의 문제. 여기서는 어휘와 정보 검색의 2 가지 유형을 다루었습니다.

Kiểu câu hỏi cùng dạng với kỳ thi năng lực tiếng Nhật. Ở đây có 2 phần: phần thi từ vựng và phần tìm kiếm thông tin.

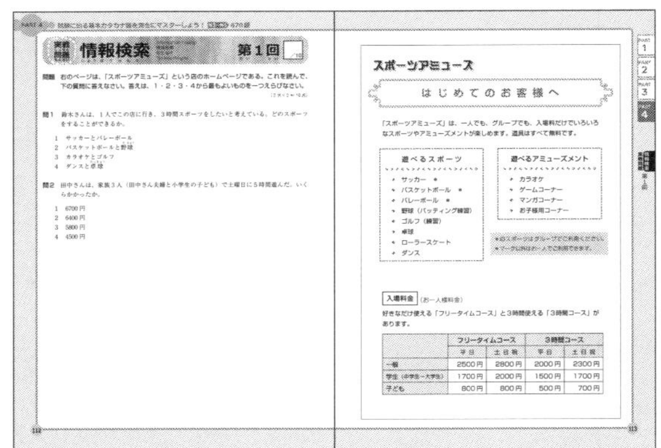

※「カタカナ語」と区別される言葉について

About words that are considered different from "katakana terms" ／与外来语有区分的词语 ／「가타카나어」와 구별되는 말에 대해서／ Về việc phân biệt từ không phải là "từ katakana"

　ひらがな語彙や漢字語彙の中には、一般にカタカナで書かれることの多い言葉もあります。例えば、野菜やくだもの（ジャガイモ、リンゴ）、動植物（サル、サクラ）、漢字の画数が多い日常語（ケータイ、マンガ、メガネ）、擬音語・擬態語（ゲラゲラ笑う、イライラする）、などです。本書では、これらは「カタカナ語」とは扱いません。ただし、問題文では、一般的傾向に合わせて、カタカナ表記も採用しました。

Some hiragana and kanji terms are often written using katakana. For example, vegetables and fruits （ジャガイモ、リンゴ）, animals （サル、サクラ）, common terms with complex kanji （ケータイ、マンガ、メガネ）, onomatopoeias and phenomimes （ゲラゲラ笑う・イライラする）, and so on. This book does not treat these as "katakana words." However, they are written in katakana in questions in order to be consistent with general trends.

在平假名和汉字的词语中也有很多用片假名表示的词语。例如：蔬菜及水果中的（ジャガイモ、リンゴ）、动物中的（サル、サクラ）、汉字笔画多的日常用语中的（ケータイ、マンガ、メガネ）以及拟声词・拟态词中的（ゲラゲラ笑う、イライラする）等等。本书对这写片假名词语不作为外来词语来处理，只是在问题中，按照一般的书写，用片假名来表示。

히라가나 어휘나 한자 어휘 중에는 일반적으로 가타카나로 많이 표기되는 말도 있습니다. 예를 들면 야채나 과일 （ジャガイモ、リンゴ）, 동물・식물 （サル、サクラ）, 한자의 획수가 많은 일상어 （ケータイ、マンガ、メガネ）, 의성어・의태어 （ゲラゲラ笑う、イライラする） 등이 있습니다. 이 책에서는 이런 말들은 「가타카나어」로 취급하지 않습니다. 단 문제문에서는 일반적인 경향에 맞추어 가타카나 표기도 채용했습니다.

Trong các từ viết bằng chữ hiragana hoặc chữ Hán, cũng có những từ thường được viết bằng katakana. Ví dụ như: các từ chỉ rau củ, hoa quả （ジャガイモ、リンゴ）, động vật, thực vật （サル、サクラ）, các từ chữ Hán thường dùng mà có số nét viết nhiều （ケータイ、マンガ、メガネ）, hoặc từ tượng hình, từ tượng thanh （ゲラゲラ笑う、イライラする） ... Trong sách này sẽ không xem những từ như vậy là "từ katakana". Tuy nhiên, để phù hợp với xu hướng thực tế, những từ như vậy cũng sẽ xuất hiện trong các câu hỏi dưới dạng chữ katakana.

 音声ダウンロードの手順

STEP 1

音声ダウンロード用のサイトにアクセス！	（下記 URL を直接入力） URL：http://febe.jp/jresearch

STEP 2

表示されたページから、FeBe への登録ページに進み、会員登録をする。	「FeBe に会員登録（無料）」をクリック ※ 音声のダウンロードには、オーディオブック配信サービス「FeBe」への会員登録（無料）が必要です。 登録ページでメールアドレス・パスワード（英数字の８ケタ以上）・名前・生年月日・性別を入力▶規約を読む▶「確認」をクリック▶登録完了

STEP 3

「ご登録が完了しました」のページからダウンロードのページに戻る。	「ダウンロードページ」をクリックして、表示されたページの「シリアルコードをご入力ください」の下の欄に「23720」を入力して「送信」をクリックする。

STEP 4

音声をダウンロードする。	「無料でオーディオブックを受け取る」をクリック▶「本棚で確認する」をクリック▶「ダウンロード」をクリック（「全体版」をダウンロード） ※ PC の場合は、「本棚」から音声をダウンロードしてください。スマートフォンの場合は、アプリ「FeBe」の案内が出ますので、アプリからご利用ください。

！ ご注意

- PC からでも、iPhone や Android のスマートフォンからでも音声を再生いただけます。
- 音声は何度でもダウンロード・再生いただくことができます。
- ダウンロードについてのお問い合わせ先：info@febe.jp（受付時間：平日の10〜20時）

 How to Download Voice Data

STEP 1

| Access the voice download website! | (Input the following URL:)
 URL : http://febe.jp/jresearch |

STEP 2

| Continue to the FeBe registration page from the one displayed to register as a member. | Click 「FeBe に会員登録（無料）」
 (Register to be a FeBe Member (Free))
 ※ To download voice data, you must register for the FeBe audiobook delivery service (registration is free).
 Enter your email address, password (8 or more alphanumeric characters), name, birthday, and gender on the registration page ▶ Read the Terms of Service ▶ Click 「確認」(Confirm) ▶ Registration complete |

STEP 3

| Return to the download page from the 「ご登録が完了しました」page. | Click 「ダウンロードページ」 (Download Page), then enter "23720" in the field under 「シリアルコードをご入力ください」 (Please enter your serial code) on the page displayed and click 「送信」 (Send). |

STEP 4

| Download voice data. | Click 「無料でオーディオブックを受け取る」 ▶ Click 「本棚で確認する」 ▶ Click 「ダウンロード」 (Download 「全体版」)
 ※ If you are using a PC, please download voice data from 「本棚」. If you are using a smartphone, a guide will appear for the FeBe app. Please use the voice files through the app. |

⚠ Notice

· Voice data can be played from your PC, your iPhone, or your Android smartphone.

· Voice data can be downloaded and played as many times as you wish.

· For questions about downloads, please contact: info@febe.jp (Emails will be received from 10 AM to 8 PM on weekdays).

入門レベルの カタカナ語を しっかり マスターしよう！

Solidly master introductory level katakana terms!
牢牢掌握入门水平的外来语！
입문 레벨의 가타카나어를 확실히 마스터하자！
Hãy nắm vững từ vựng katanaka nhập môn!

N5 復習ドリル　第1回

☐ /50

問題1　絵を　見て、正しい　ものに　○をつけて　ください。（2点×5＝10点）
Look at the image and mark the correct answer(s) with a ○.

① 　② 　③ 　④ 　⑤ 

①	②	③	④	⑤
a. チズ	a. ビル	a. バナナ	a. ケキ	a. コヒ
b. チーズ	b. ビール	b. バナーナ	b. ケーキ	b. コーヒ
c. チズー	c. ビルー	c. バーナナ	c. ケキー	c. コヒー
			d. ケーキー	d. コーヒー

問題2　正しい　ほうに　○を　つけて　ください。（2点×5＝10点）
Mark the correct answer(s) with a ○.

（例）スープは（ a. スプン　b. スプーン ）で　飲みます。

① （ a. コープ　b. コップ ）に　水を　入れて、持って　きて　ください。

② （ a. シャープペンシル　b. シャプペンシル ）で　書きます。

③ （ a. トイレ　b. トイーレ ）は、どこでしょうか。

④ どんな（ a. スッポツ　b. スポーツ ）が　好きですか。

⑤ （ a. カーテン　b. カーテーン ）を　閉めて　くださいますか。

問題3　正しい　ほうに　○を　つけて　ください。（2点×5＝10点）
Mark the correct answer(s) with a ○.

（例）（ⓐ ドア　b. コピー ）は　静かに　開けて　ください。

① （ a. ホテル　b. スーパー ）の　予約は　パソコンで　できます。

② 寒かったので、今日は（ a. コピー　b. コート ）を　着て　学校へ　行った。

③ （ a. スキー　b. アパート ）は、駅から　歩いて　5分ぐらいの　ところです。

④ シャツの（ a. ボタン　b. パソコン ）が　全部　とれてしまった。

⑤ にもつが　たくさん。（ a. セーター　b. エレベーター ）で　行こう。

問題4 （　　）に 何を 入れますか。下の a～e から 一つ えらんで、（　　）に 書いて ください。Choose one from choices a-e and write it in the (　)s.　（2点×5＝10点）

例 お父さんの （　f　）を はいて みたら、大きかった。

a. ゲーム　　　b. メール　　　c. メニュー　　　d. コンビニ　　　e. サンドイッチ　　　f. ズボン

① （　　　　　）を 送る とき、ときどき （＾＾） などの 絵文字を 使います。

② 昼ごはんは いつも、自分で 作った （　　　　　）を 食べて いる。

③ べんりなので、家の 近くの （　　　　　）を よく 使います。

④ ばんごはんの 前に、弟と いっしょに 1時間だけ （　　　　　）を します。

⑤ （　　　　　）を 見てから 料理を たのみます。

問題5 （　　）に 何を 入れますか。下の a～e から 一つ えらんで、（　　）に 書いて ください。Choose one from choices a-e and write it in the (　)s.　（2点×5＝10点）

例 A：寒いね。
　　B：（　f　）をつけようか。

a. テーブル　　　b. ページ　　　c. タクシー　　　d. ラジオ　　　e. シャツ　　　f. ストーブ

① A：ずいぶん 厚い 本を 読んで いるね。
　　B：うん。この本、600 （　　　　　） もあるんだ。

② A：このごろ、夜、ねむれないんだ。
　　B：（　　　　　）をつけて、音楽を 聞いたりしていると ねむくなるよ。

③ A：雨が 降って 来たね。バスに 乗るか、（　　　　　）に 乗るか。
　　B：バスにしましょう。安いから。

④ A：毎日、暑かったり、寒かったり。何を 着て いったら いいかなあ。
　　B：（　　　　　）の 上に セーターを 着て、暑かったら セーターを ぬげば いいんじゃ ない。

⑤ A：この にもつは どこに 置きますか。
　　B：そこの 丸い （　　　　　）の 上に 置いて ください。

N5 復習ドリル　第2回
ふくしゅう　　　　だい　　かい

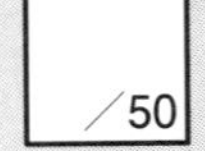

　/50

Review drills #2／第二次复习练习题／복습 연습 문제 제 2 회／ Bài ôn tập lần thứ 2

問題1　絵を　見て、正しい　ものに　○をつけて　ください。（2点×5＝10点）
もんだい　　え　　み　　　ただ　　　　　　　　　　　　　　　　　　　　　　　　てん　　　　　　てん

Look at the image and mark the correct answer(s) with a ○.

① 　② 　③ 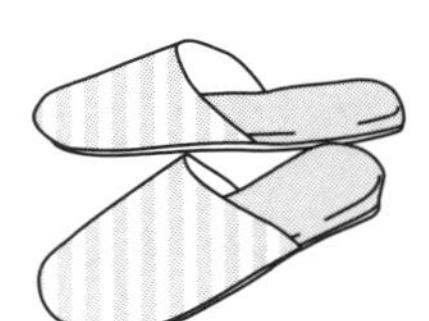　④ 　⑤ 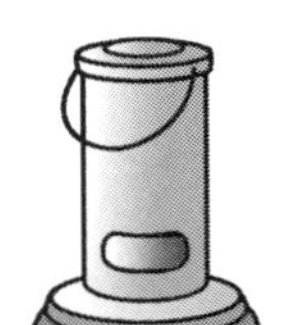

①
a. テブル
b. テーブル
c. テブール

②
a. ビル
b. ビール
c. ビルー

③
a. スリパ
b. スッリパ
c. スリッパ
d. スッリッパ

④
a. コピ
b. コーピ
c. コピー
d. コーピー

⑤
a. ストブ
b. スートブ
c. ストーブ
d. スートーブ

問題2　正しい　ほうに　○を　つけて　ください。（2点×5＝10点）
もんだい　　ただ　　　　　　　　　　　　　　　　　　　　　　　　　てん　　　　　　てん

Mark the correct answer(s) with a ○.

例　スープは（ a. スプン　ⓑ. スプーン ）で　飲みます。
れい　　　　　　　　　　　　　　　　　　　　　　　　　　の

①（ a. チョーコレット　b. チョコレート ）が　食べたい。
　　　　　　　　　　　　　　　　　　　　　　　た

② スポーツの　中では、（ a. ソッカー　b. サッカー ）が　好きです。
　　　　　なか　　　　　　　　　　　　　　　　　　　　す

③ 雪が　ふったら（ a. スキー　b. スーキ ）が　したい。
　ゆき

④ 白い（ a. シャート　b. シャツ ）を着て行きましょう。
　しろ　　　　　　　　　　　　　　き　い

⑤（ a. エスカレーター　b. エスカレター ）は、どこでしょうか。

問題3　正しい　ほうに　○を　つけて　ください。（2点×5＝10点）
もんだい　　ただ　　　　　　　　　　　　　　　　　　　　　　　　　てん　　　　　　てん

Mark the correct answer(s) with a ○.

例（ⓐ ドア　b. コピー ）は　静かに　開けて　ください。
れい　　　　　　　　　　　　　　しず　　あ

① 母の日、（ a. パパ　b. ママ ）に　何を　プレゼントしようかな。
　はは　ひ　　　　　　　　　　　　　なに

② 台風で　庭の　木が　たおれて、窓（ a. テニス　b. ガラス ）が　われた。
　たいふう　にわ　き　　　　　　　　まど

③ 朝ごはんは（ a. シャーペン　b. パン ）と　コーヒーです。
　あさ

④（ a. プール　b. メートル ）では　泳げますが、海では　こわくて　泳げません。
　　　　　　　　　　　　　　　　　　およ　　　　　うみ　　　　　　　　　およ

⑤ この　服は、（ a. ポケット　b. テスト ）が　たくさん　ついて　いて　べんりだ。
　　　　ふく

問題4 （　　）に　何を　入れますか。下の　a〜eから　一つ　えらんで、（　　）に　書いて
ください。Choose one from choices a-e and write it in the (　　)s.　（2点×5＝10点）

例 お父さんの（　f　）をはいてみたら、大きかった。

> a. スカート　　　b. バター　　　c. カメラ　　　d. 消しゴム　　　e. コップ　　　f. ズボン

① おじいさんの　古い（　　　　　）で　撮って　みたら、きれいに　撮れた。

② 山田さんは、黒い　シャツを　着て、赤い（　　　　　）を　はいて　いる　あの　人です。

③ 明日の　テスト、えんぴつと（　　　　　）を　忘れないで　ください。

④ （　　　　　）は牛乳から作ります。

⑤ このガラスの（　　　　　）、きたないので洗ってください。

問題5 （　　）に　何を　入れますか。下の　a〜eから　一つ　えらんで、（　　）に　書いて
ください。Choose one from choices a-e and write it in the (　　)s.　（2点×5＝10点）

例 A：寒いね。
　　B：（　f　）をつけようか。

> a. カーテン　　　b. レストラン　　　c. エアコン　　　d. ニュース　　　e. パソコン　　　f. ストーブ

① A：日本料理の（　　　　　）が外国でもふえているそうですね。
　　B：日本料理が好きな人が世界中にふえて、うれしいですね。

② A：部屋が　暑いね。
　　B：（　　　　　）が　こわれて　しまったんです。

③ A：外が　暗く　なったね。窓の（　　　　　）を　閉めて。
　　B：はーい。

④ A：いろいろな　ことを　よく　知って　いますね。
　　B：毎朝、新聞を　ゆっくり　読んで、テレビの（　　　　　）を　見て　いますから。

⑤ A：（　　　　　）は　よく　使う？
　　B：うん。ネットで　しらべたり、レポートを　書いたり　するのに、よく　使うよ。

N5 実力テスト
じつりょく

Practical skills test ／実力測试／실력 테스트／ Kiểm tra thử năng lực

問題1 （　　　）に 何を 入れますか。1・2・3・4から いちばん いい ものを 一つ
もんだい　　　　　　　　　　なに　　い　　　　　　　　　　　　　　　　　　　　　　　　　　　　　　　ひと
えらんで ください。Choose the best one from choices 1, 2, 3, 4. （3点× 10 ＝ 30点）
てん　　　　　　てん

① この 駅には エスカレーターも （　　　　　）も なくて、重い にもつが ある とき
えき　　　　　　　　　　　　　　　　　　　　　　　　　　　　　　　おも
は 大変だ。
たいへん

　　1　エレベーター　　　2　ベッド　　　　　　　3　スーパー　　　　　　4　ペン

② あしたは 結婚式だから、白い （　　　　　）に ネクタイを して いかないと。
けっこんしき　　　しろ

　　1　カーテン　　　　2　セーター　　　　　　3　ワイシャツ　　　　4　ハンカチ

③ あした 英語の （　　　　　）が あるので、今日は 勉強します。
えいご　　　　　　　　　　　　　　　　きょう　　べんきょう

　　1　ページ　　　　　2　テープ　　　　　　3　テレビ　　　　　　4　テスト

④ 日曜日は、レストランで 4時間（　　　　　）を して います。
にちようび　　　　　　　　　じかん

　　1　アルバイト　　　2　ケーキ　　　　　　3　シャワー　　　　　4　デパート

⑤ A: きのうの 授業の （　　　　　）見せて くれる？ 明日 返すから。
じゅぎょう　　　　　　み　　　　　　　　　あした　かえ
　　B: いいよ。汚い 字だけど。
きたな　じ

　　1　ノート　　　　　2　コート　　　　　　3　ドア　　　　　　　4　ナイフ

⑥ ここに（　　　　）で 住所と 名前を 書いて ください。
じゅうしょ　なまえ　か

　　1　ボールペン　　　2　ストーブ　　　　　3　スプーン　　　　　4　コップ

⑦ （　　　　）を 見て、台風が 来る ことを 知りました。
み　　たいふう　く　　　　　　し

　　1　テニス　　　　　2　テレビ　　　　　　3　デパート　　　　　4　サラダ

⑧ （　　　　）を 浴びた あと、ビールを 飲むと おいしい。
あ　　　　　　　　　　　　の

　　1　フォーク　　　　2　シャワー　　　　　3　カメラ　　　　　　4　ワイシャツ

⑨　アパートは、駅（えき）から　100（　　　　　）ぐらいの　ところです。

　　1　メール　　　　　　　2　メニュー　　　　　3　メートル　　　　　4　ページ

⑩　父（ちち）の　写真（しゃしん）を　見（み）ると、わかい　時（とき）は（　　　　　）な　人（ひと）でした。

　　1　ハンサム　　　　　　2　アメリカ　　　　　3　ネクタイ　　　　　4　パーティー

問題2（もんだい）　つぎの　ことばの　つかいかたで　いちばん　いい　ものを　1・2・3・4から　一つ（ひと）
　　　　えらんで　ください。Choose the most appropriate selection in terms of how it should be used.

〔5点（てん）×4＝20点（てん）〕

①　プレゼント

　　1　明日（あした）　社長（しゃちょう）の　前（まえ）で　する　<u>プレゼント</u>の　練習（れんしゅう）を　した。
　　2　サッカーの　試合（しあい）は、3時（じ）に　<u>プレゼント</u>する。
　　3　友達（ともだち）の　誕生日（たんじょうび）に、ハンカチを　<u>プレゼント</u>した。
　　4　しけんの　結果（けっか）よりも、それまでの　<u>プレゼント</u>が　大切（たいせつ）だ。

②　メニュー

　　1　この　きっさ店（てん）の　<u>メニュー</u>は　写真（しゃしん）が　あるから、わかりやすい。
　　2　図書館（としょかん）の　入（い）り口（ぐち）には　新（あたら）しい　本（ほん）の　<u>メニュー</u>が　あって、べんりだ。
　　3　デパートの　エスカレーターには　各階（かくかい）の　<u>メニュー</u>が　書（か）かれている。
　　4　エレベーターには　閉（し）める・開（あ）けるの　<u>メニュー</u>が　ある。

③　ニュース

　　1　びじゅつ館（かん）に　<u>ニュース</u>な　絵（え）が　来（き）た。
　　2　デパートで　<u>ニュース</u>な　物（もの）を　見（み）つけた。
　　3　れいぞうこに　入（い）れて　ある　ものは　<u>ニュース</u>です。
　　4　パンダの　赤（あか）ちゃんの　たんじょうは、大（おお）きな　<u>ニュース</u>に　なった。

④　ゼロ

　　1　交通事故（こうつうじこ）が　<u>ゼロ</u>に　なると　いい。
　　2　今日（きょう）は　くもっていて、太陽（たいよう）が　<u>ゼロ</u>だ。
　　3　夜（よる）なのに、電気（でんき）が　<u>ゼロ</u>だ。
　　4　あと　3分（ぶん）で　<u>ゼロ</u>時（じ）です。

N5 語彙リスト — N5 vocabulary list ／ N5 词语表／ N5 어휘 리스트／ Danh sách từ vựng N5

		カタカナ語	英語	中国語	韓国語	ベトナム語
	1	アパート	apartment	简易公寓	아파트	chung cư
	2	アメリカ	United States of America	美国	미국	Mỹ
	3	アルバイト／バイト（する）	part-time job / (to) work a part-time job	打工	아르바이트 / 알바 (하다)	làm thêm
	4	エアコン	air conditioner	空调	에어컨	máy điều hoà
	5	エスカレーター	escalator	扶手电梯	에스컬레이터	thang máy
	6	エレベーター	elevator	电梯	엘리베이터	thang cuốn
	7	カーテン	curtains	窗帘	커튼	rèm cửa
	8	カメラ	camera	照相机	카메라	máy ảnh
	9	ガラス	glass	玻璃	유리	thuỷ tinh
	10	ケーキ	cake	蛋糕	케이크	bánh ngọt
	11	ゲーム	game	游戏	게임	trò chơi
	12	消しゴム	eraser	橡皮擦	지우개	cục gôm
	13	コート	coat	大衣	코트	áo khoác
	14	コーヒー	coffee	咖啡	커피	cà phê
	15	コップ	glass, cup	杯子	컵	cái cốc
	16	コピー（機）	copier	复印机	복사 (기)	(máy) in, photocopy
	17	コンビニ	convenience store	便利店	편의점	cửa hàng tiện lợi
	18	サッカー	soccer	足球	축구	bóng đá
	19	サラダ	salad	沙拉	샐러드	sa lát
	20	サンドイッチ	sandwich	三明治	샌드위치	bánh xăng-uých
	21	シャープペンシル／シャーペン	mechanical pencil	自动铅笔	샤프펜슬 / 샤프펜	bút chì kim
	22	シャツ	shirt	衬衫	셔츠	áo sơ mi
	23	シャワー	shower	淋雨	샤워	tắm
	24	スーパー	supermarket	超市	슈퍼	siêu thị
	25	スカート	skirt	裙子	스커트	váy
	26	スキー	ski	滑雪	스키	trượt tuyết
	27	ストーブ	room heater	炉子	난로	máy sưởi ấm

	カタカナ語	英語	中国語	韓国語	ベトナム語
28	スプーン	spoon	勺子	스푼	thìa
29	スポーツ	sport(s)	运动	스포츠	thể thao
30	ズボン	pants	裤子	바지	cái quần
31	スリッパ	slippers	拖鞋	슬리퍼	dép
32	セーター	sweater	毛衣	스웨터	áo len
33	ゼロ	zero	零	제로	(số) không
34	タクシー	taxi	出租车	택시	xe taxi
35	チーズ	cheese	奶酪	치즈	pho mát
36	チョコ（レート）	chocolate	巧克力	초콜릿	sô cô la
37	テープ	tape	磁带	테이프	băng
38	テーブル	table	桌子	테이블	bàn
39	テスト	test	考试	테스트 (하다)	kiểm tra
40	テニス	tennis	网球	테니스	ten-nít
41	デパート	department store	百货店	백화점	cửa hàng bách hoá tổng hợp
42	テレビ	television	电视	텔레비전	ti vi
43	ドア	door	门	문	cửa
44	トイレ	toilet	厕所	화장실	nhà vệ sinh
45	ナイフ	knife	刀子	나이프	dao
46	ニュース	news	新闻	뉴스	tin tức
47	ネクタイ	necktie	领带	넥타이	cà vạt
48	ノート	notebook	笔记本	노트	tập, vở
49	パーティー	party	宴会、派对	파티	liên hoan
50	バス	bus	公共汽车	버스	xe buýt
51	パソコン	personal computer	电脑	컴퓨터	máy vi tính
52	バター	butter	黄油	버터	bơ
53	バナナ	banana	香蕉	바나나	chuối
54	パパ	father	爸爸	아빠	bố
55	パン	bread	面包	빵	bánh mì
56	ハンカチ	handkerchief	手绢	손수건	khăn tay

カタカナ語	英語	中国語	韓国語	ベトナム語
57　ハンサム（な）	handsome	美男子	핸섬 (한)	đẹp trai
58　ビール	beer	啤酒	맥주	bia
59　ビル	building	大楼	빌딩	toà nhà
60　プール	pool	游泳池	풀장	bể bơi
61　フォーク	fork	叉子	포크	đĩa, nĩa
62　プレゼント（する）	(to give a) present	礼物	선물 (하다)	món quà
63　ページ	page	页	페이지	trang
64　ベッド	bed	床	침대	giường
65　ペン	pen	钢笔	펜	bút
66　ボールペン	ball-point pen	圆珠笔	볼펜	bút bi
67　ポケット	pocket	衣袋	호주머니	túi (quần, áo)
68　ボタン ［衣服］	button	扣子	단추	cúc, khuy
69　ホテル	hotel	饭店、酒店	호텔	khách sạn
70　ママ	mother	妈妈	엄마	mẹ
71　メートル	meter	米	미터	mét
72　メール／ E メール	e-mail	伊妹儿	메일 / 이메일	email, thư điện tử
73　メニュー	menu	菜单	메뉴	thực đơn
74　ラジオ	radio	收音机	라디오	radio, đài
75　レストラン	restaurant	餐馆	레스토랑	nhà hàng
76　ワイシャツ／ Y シャツ	dress shirt; collared shirt	衬衫	와이셔츠	áo sơ mi dài tay

初級レベルの
カタカナ語を
しっかり
マスターしよう！

Solidly master beginner level katakana terms!
牢牢掌握初级水平的外来语！
초급 레벨의 가타카나어를 확실히 마스터하자！
Hãy nắm vững từ vựng katanaka sơ cấp!

復習ドリル 第1回

Review drills #1／第一次复习练习题／복습 연습 문제 제 1 회／Bài ôn tập lần thứ 1

復習ドリル 第2回

Review drills #2／第二次复习练习题／복습 연습 문제 제 2 회／Bài ôn tập lần thứ 2

実力テスト

Practical skills test／实力测试／실력 테스트／Kiểm tra thử năng lực

N4 語彙リスト

N4 vocabulary test／N4 词语表／N4 어휘 리스트／Danh sách từ vựng N4

N4 復習ドリル　第1回

Review drills #1 ／第一次复习练习题／복습 연습 문제 제 1 회／ Bài ôn tập lần thứ 1

/50

問題 1　同じ　グループに　分けて、□の　中に　書いて　ください。(0.5点×20 ＝ 10点)
Split them into similar groups and write them inside □s.

例
(A) バラ
　チューリップ

~~ゴリラ　　ペンギン~~
~~チューリップ~~
~~コアラ　　キリン~~

(B) チンパンジー
　ゴリラ　コアラ
　ペンギン
　キリン

①
(A) フォーク

トイレ　　ナイフ
コーヒーカップ　　ドア
スプーン　　ロビー
メニュー　　アパート

(B) マンション

②
(A) ブラウス

アイスコーヒー　　マフラー
カレーライス　　ベルト　　ズボン
スープ　　コート　　チョコレート
オレンジ　　シャツ
ネクタイ　　ハンバーガー

(B) ラーメン

問題 2　正しい　ほうに　○を　つけて　ください。（1点×10 ＝ 10点）
Mark the correct answer(s) with a ○.

例　スープは　(a. スプン　ⓑ. スプーン) で　飲みます。

① 紅茶は、(a. アイス　b. アーイス) より　(a. ホット　b. ポット) の 方が　好きです。

② 日本語の　初級 (a. グラース　b. クラス) が　終わって、来月から　中級です。

③ 大変だ。(a. パッスポト　b. パスポート) を　なくしちゃった。

④ (a. クキー　b. クッキー) の　焼き方を (a. インタネート　b. インターネット) で　しらべました。

⑤ 結婚する　ときに　初めて (a. ダイヤ　b. タイヤ) の　指輪を (a. プレゼット　b. プレゼント) してもらった。

⑥ ほかの　人の　部屋に　入る　ときは　（ a.ドーア　b.ドア ）を　（ a.ノーク　b.ノック ）
して　ください。

問題3　正しい　ほうに　○を　つけて　ください。　（2点×5＝10点）
Mark the correct answer(s) with a ○.

例　トイレットペーパーが　無くなったので、（ a.キッチン　ⓑ.スーパー ）に　買いに　行った。

① せきが　出るので、（ a.マスク　b.マーカー ）を　買った。

② 今日の　お昼は（ a.コップ　b.カップ ）ラーメンに　しよう。

③ 手紙を　（ a.スイッチ　b.ポスト ）に　入れるのを　わすれて　しまった。

④ いろいろな　色の（ a.チョーク　b.消しゴム ）で　黒板に　絵を　かいた。

⑤ （ a.オートバイ　b.ガス ）は　道路の　左側を　走ります。車と　同じです。

問題4　（　　）に　何を　入れますか。下の　a〜eから　一つ　えらんで、（　　）に　書いて
ください。Choose one from choices a-e and write it in the (　)s.　（2点×5＝10点）

例　運転中に　眠くなったら、（　f　）を　かみます。

a.シャンプー　　b.カード　　c.フルーツ　　d.ワイン　　e.ローマ字　　~~f.ガム~~

① ブドウで　作った　お酒は　（　　　　　）と　いいます。

② （　　　　　）ジュースには、どんな　くだものが　入って　いますか。

③ ひらがなの　「ま」を　（　　　　　）で　書くと　「ma」です。

④ この　（　　　　　）を　使うと、髪を　洗った　あとが　気持ち　いい。

⑤ 病気の　友達に、「早く　元気に　なってね」と　書いた　（　　　　　）を　送った。

問題5 （　　）に 何を 入れますか。下の a〜e から 一つ えらんで （　　）に 書いて
ください。Choose one from choices a-e and write it in the (　　)s.（2点×5＝10点）

例 A：（　f　）って、かっこいいね。
B：動物の 王様だからね。

---

a. デザート　　　b. スマホ（スマートフォン）　　　c. コイン
d. バス停　　　e. カレンダー　　　f. ~~ライオン~~

---

① A：見て！（　　　　）に あんなに 人が 並んでる。
B：あの 後ろに 並ぶのは いやだなあ。天気も いいし、歩いて 行かない？

② A：もう、12月だね。
B：来年の （　　　　）を 買わないと いけないね。

③ A：（　　　　）、来ないね。
B：店員さんに 言って みよう。

④ A：いろんな 国の （　　　　）を 集めて いるんだね。これは、どこの 国の？
B：それは 韓国の。これは 中国。で、これが ベトナムで……。

⑤ A：あっ、（　　　　）を トイレに 置いて きちゃった。
B：トイレで 電話や メールして いるの？

N4 復習ドリル　第2回
Review drills #2／第二次復習練習題／복습 연습 문제 제 2 회／Bài ôn tập lần thứ 2

/50

問題1 同じ　グループに　分けて、□の　中に　書いて　ください。(0.5点×20＝10点)
Split them into similar groups and write them inside □ s.

例

（A）バラ
チューリップ

ゴリラ　　ペンギン
チューリップ
コアラ　　キリン

（B）チンパンジー
ゴリラ　コアラ
ペンギン
キリン

①

（A）スケート

テニス　　　センチ
ゴルフ　　キログラム
ボウリング　　バレーボール
ミリ　　メートル
バスケットボール　　　ドル

（B）リットル

②

（A）ソフトクリーム

ハンバーグ　　ファックス
ビスケット　　　ベル
テレビ　　リモコン
カメラ　　スパゲティー
アイスクリーム　　ジャム

（B）パソコン

問題2 正しい　ほうに　○を　つけて　ください。（1点×10＝10点）
Mark the correct answer(s) with a ○.

例　スープは（ a. スプン　ⓑ. スプーン ）で飲みます。

① 子どもが　10人　遊びに　来るので、（ a. ラーンチ　b. ランチ ）は　（ a. ピーザ　b. ピザ ）を　注文する　ことに　した。

② デパートで、すてきな（ a. ワンピース　b. ワンビス ）を　見つけたので　買った。今度の（ a. デート　b. デット ）の　ときに　着て　いこう。

③ 冷たい（ a. ジュース　b. ジュス ）を　大きな（ a. グラス　b. グラム ）で　飲みたい。

④ （ a. ステキ　b. ステーキ ）は、レストランでは　（ a. ナイフ　b. ナイーブ ）と（ a. フォック　b. フォーク ）で　食べるが、家では　おはしで　食べて　いる。

⑤ 海外旅行に　行くなら、（ a. ビザ　b. ウィザ ）が　必要か　どうか、しらべた　ほうが　いいよ。

 問題3 正しい ほうに ○を つけて ください。（2点×5＝10点）
Mark the correct answer(s) with a ○.

例 トイレットペーパーが 無くなったので （ a.キッチン ⓑ.スーパー ）に 買いに 行った。

① 来週の 予定を 言いますので、（ a.メモ b.ペン ）して ください。

② （ a.ティッシュペーパー b.Tシャツ ）を 洗ったら、小さくなって しまった。

③ これは （ a.プリント b.アルファベット ）の 形を した クッキーです。

④ 早く 注文したいが、（ a.ウェイター b.コンサート ）が なかなか 来ない。

⑤ 漢字が まちがって いないか、（ a.ラケット b.チェック ）して ください。

問題4 （　）に 何を 入れますか。下の a～eから 一つ えらんで、（　）に 書いて
ください。Choose one from choices a-e and write it in the (　)s.（2点×5＝10点）

例 運転中に 眠くなったら、（　f　）を かみます。

| a.ボタン | b.シーツ | c.カラオケ | d.スーツケース | e.アルバム | f.~~ガム~~ |

① （　　　　） を 見て いたら、私が 赤ちゃんの 時の 写真が あった。

② 空港で おみやげを 買いすぎて、（　　　　）に 入らなく なった。

③ （　　　　）では、いつも どんな 歌を 歌うんですか。

④ ドアは、この （　　　　）を 押すと 開きます。

⑤ 天気が いいので、ベッドの （　　　　）を 洗濯した。

問題5 （　　　）に　何を　入れますか。下の　a〜eから　一つ　えらんで、（　　　）に　書いて
ください。Choose one from choices a-e and write it in the (　　)s.　　（2点×5＝10点）

例 A：（　　f　　）って、かっこいいね。
　　B：動物の　王様だからね。

a. ロビー　　　　b. ゴールデンウィーク　　　　c. ミルク

d. トマト　　　e. リモコン　　　f.ライオン

① A：明日、どこで　会いましょうか。
　　B：3時に、ホテルの　（　　　　　）で　会いましょう。

② A：コーヒー、ここに　置くね。（　　　　　）、入れる？
　　B：あ、入れる。ありがとう。

③ A：今年の　（　　　　　）は　どうする？
　　B：今年も　家で　ゆっくりしたいね。

④ A：今年は、庭で　（　　　　　）を　育てて　みようか。
　　B：いいね。赤い　色が　きれいだし、サンドイッチや　サラダに　入れたいし。

⑤ A：エアコンの　（　　　　　）が　こわれた　みたいだ。ほら、動かないよ。
　　B：それ、テレビのじゃ　ない？

N4 実力テスト
じつりょく

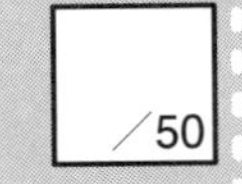

Practical skills test ／实力测试／실력 테스트／Kiểm tra thử năng lực

問題1　（　　）に　何を　入れますか。1・2・3・4から　一番　いい　ものを　一つ　えらんで　ください。Choose the best one from choices 1, 2, 3, 4.

（3点×10＝30点）

① 卒業パーティーに　着て　いく　服を　スーツに　するか、赤い　（　　　　）に　するか、なかなか　決められない。

　　1　ハンカチ　　　　　2　ドレス　　　　　3　ベルト　　　　　4　ネクタイ

② 飛行機の　（　　　　）は、もう　予約しましたか。

　　1　コンパ　　　　　　2　チーム　　　　　3　チケット　　　　4　ノート

③ 夕方から　寒くなる　そうなので、（　　　　）を　着て　いく　ことに　した。

　　1　ストーブ　　　　　2　ソファー　　　　3　ブラシ　　　　　4　ジャケット

④ けさは、（　　　　）と　コーヒーの　セットを　注文した。

　　1　トランプ　　　　　2　トラック　　　　3　ドライブ　　　　4　トースト

⑤ 首に　（　　　　）を　巻くだけで、だいぶ　暖かく　感じます。

　　1　マフラー　　　　　2　ラーメン　　　　3　レポート　　　　4　ホワイトボード

⑥ 毎年、庭で　とれた　イチゴで　（　　　　）を　作ります。

　　1　レモン　　　　　　2　ジャム　　　　　3　マイク　　　　　4　ソーセージ

⑦ 銀行の　（　　　　）が　こわれると、お金が　下ろせなく　なる。

　　1　コンピューター　　2　レインコート　　3　ドル　　　　　　4　タオル

⑧ 喫茶店で、（　　　　）の　アルバイトを　して　います。

　　1　スリッパ　　　　　2　スポーツ　　　　3　ウェイトレス　　4　ライス

⑨ ズボンのことを　（　　　　）とも　いう。

　　1　ボール　　　　　　2　マフラー　　　　3　スカート　　　　4　パンツ

⑩　すぐ　書ける　ように、電話の　そばに（　　　　）を　置いて　おきます。

　　　1　コピー　　　　　　2　ビデオ　　　　　3　カメラマン　　　　4　メモ用紙

問題2　つぎの　ことばの　使い方で　一番　いい　ものを　1・2・3・4から　一つ　えらんで　ください。Choose the most appropriate selection in terms of how it should be used.

（4点×5＝20点）

① レジ

　　　1　スーパーの　<u>レジ</u>で　お金を　払った。
　　　2　図書館の　<u>レジ</u>で　本を　借りた。
　　　3　駅の　<u>レジ</u>で　切符を　買った。
　　　4　広くて　きれいな　<u>レジ</u>で　料理を　作る。

② スピーチ

　　　1　友達と　<u>スピーチ</u>しながら　食事した。
　　　2　駅員が　「電車が　来ます」と　<u>スピーチ</u>した。
　　　3　<u>スピーチ</u>を　聞いて　いたら、眠くなった。
　　　4　けんかの原因は　<u>スピーチ</u>が　ない　ことだ。

③ コンサート

　　　1　音楽の　時間に　一人一人　歌の　<u>コンサート</u>をした。
　　　2　昨日、ピアノと　バイオリンの　<u>コンサート</u>に　行った。
　　　3　自分の　部屋で　一人で　ギターを　<u>コンサート</u>した。
　　　4　友達と　ダンスの　<u>コンサート</u>に　行った。

④ サービス

　　　1　冷蔵庫の　中を　きれいに　<u>サービス</u>した。
　　　2　シャンプーで　頭を　<u>サービス</u>した。
　　　3　健康の　ために　毎朝　<u>サービス</u>しています。
　　　4　この　コンビニは　とても　<u>サービス</u>が　いい。

⑤ グループ

　　　1　理科の　授業は　いつも　<u>グループ</u>に　分かれて　実験を　する。
　　　2　この　店の　<u>グループ</u>は　甘くて　おいしいですが、値段が　高いです。
　　　3　みかんは　1<u>グループ</u>　500円で、バナナは　300円です。
　　　4　明日の　12時に　A映画館の　入り口で　<u>グループ</u>する　ことに　した。

N4 語彙リスト
（ごい）

N4 vocabulary list ／ N4 词语表／ N4 어휘 리스트／ Danh sách từ vựng N4

		カタカナ語	英語	中国語	韓国語	ベトナム語
🔊3	1	アイス	ice	冰	얼음	nước đá
	2	アイス（クリーム）	ice cream	冰激凌	아이스크림	kem
	3	アイスコーヒー	iced coffee	冰咖啡	아이스커피	cà phê đá
	4	アルバム	photo album	相册	앨범	cuốn album
	5	アルファベット	alphabet	英文字母	알파벳	chữ cái La-tinh
	6	インターネット	Internet	因特网	인터넷	mạng internet
	7	ウェイター	waiter	餐厅男服务员	웨이터	nam bồi bàn
	8	ウェイトレス	waitress	餐厅女服务员	웨이트리스	nữ bồi bàn
	9	オーケー／オッケー	okay	可以、OK	오케이	OK, được rồi
	10	オートバイ／バイク	motorcycle	摩托车	오토바이	xe máy
	11	オレンジ	orange	橙子	오렌지	quả cam
	12	カード	card	卡	카드	thẻ, thiệp
	13	ガス	gas	瓦斯	가스	khí ga
	14	カップ	cup	杯子	컵	cốc
	15	ガム	chewing gum	口香糖	껌	kẹo cao su
	16	カメラマン	photographer	摄影师	카메라맨	thợ chụp ảnh
	17	カラオケ	karaoke	卡拉 OK	가라오케	karaoke
	18	カレー（ライス）	curry	咖喱饭	카레 (라이스)	món ca ri
	19	カレンダー	calendar	日历	달력	lịch
	20	カンガルー	kangaroo	袋鼠	캥거루	chuột túi
	21	ギター	guitar	吉他	기타	đàn ghi-ta
	22	キッチン	kitchen	厨房	부엌	nhà bếp
	23	キリン	giraffe	长颈鹿	기린	hươu cao cổ
	24	キロ（グラム）	kilo(gram)	公斤	킬로 (그램)	cân, kilôgam
	25	キロ（メートル）	kilo(meter)	公里	킬로 (미터)	cây, kilômét
	26	クッキー	cookie	饼干	쿠키	bánh quy
	27	クラス	class	班	클래스	lớp học

	カタカナ語	英語	中国語	韓国語	ベトナム語
28	グラス	glass	玻璃杯子	글라스	thuỷ tinh, kính
29	グラム	gram	克	그램	gam
30	グループ	group	小组、团队	그룹	nhóm
31	コアラ	koala	树熊	코알라	gấu túi
32	コイン	coin	硬币	동전	tiền xu
33	コーヒーカップ	coffee cup	咖啡杯子	커피 컵	tách cà phê
34	ゴールデンウィーク	Golden Week	五一黄金周	골든 위크	tuần lễ vàng
35	コピー(する)	(to make a) copy	复印	복사 (하다)	sao chép, phôtôcopy
36	ゴリラ	gorilla	大猩猩	고릴라	khỉ đột
37	ゴルフ	golf	高尔夫	골프	gôn
38	コンサート	concert	演唱会	콘서트	hoà nhạc
39	コンパ	party	朋友聚餐饮酒	친목회	bữa tiệc, bữa nhậu
40	コンピュータ （ー）	computer	电脑	컴퓨터	máy vi tính
41	サービス	service	服务	서비스	phục vụ, dịch vụ
42	シーツ	sheet	床单	시트	ga (giường)
43	ジャケット	jacket	外衣	재킷	áo khoác
44	ジャム	jam	果酱	잼	mứt dẻo
45	シャンプー	shampoo	洗头剂	샴푸	dầu gội đầu
46	ジュース	juice	果汁	주스	nước hoa quả
47	スイッチ	switch	开关	스위치	công tắc điện
48	スーツ	suit	西服套装	정장	áo vét
49	スーツケース	suitcase	旅行箱	슈트케이스	va li
50	スープ	soup	汤	수프	món súp
51	スケート	skate	滑冰	스케이트	trượt băng
52	ステーキ	steak	牛排	스테이크	bít tết
53	スパゲティー／スパゲッティー／スパゲティ	spaghetti	意大利面	스파게티	mì Ý
54	スピーチ(する)	(to give a) speech	演讲	스피치 (하다)	trình bày, hùng biện

	カタカナ語	英語	中国語	韓国語	ベトナム語
55	スマートフォン／スマホ	smartphone	智能手机	스마트폰	điện thoại thông minh
56	センチ（メートル）	centimeter	公分	센티 (미터)	centimét
57	ソーセージ	sausage	香肠	소시지	xúc xích
58	ソファー	sofa	沙发	소파	ghế sofa
59	ソフト（クリーム）	soft serve ice cream	奶油冰激凌	소프트 (크림)	kem ốc quế
60	ダイヤ	diamond	钻石	다이아	kim cương
61	タオル	towel	毛巾	타월	khăn
62	ダンス	dance	西洋舞	댄스	nhảy múa
63	チーム	team	组、团队	팀	nhóm, đội
64	チェック(する)	(to) check	检查	체크 (하다)	kiểm tra
65	チケット	ticket	票	티켓	vé
66	チューリップ	tulip	郁金香	튤립	hoa tuy líp
67	チョーク	chalk	粉笔	초크	phấn
68	チンパンジー	chimpanzee	黑猩猩	침팬지	tinh tinh
69	Ｔシャツ	T-shirt	T 恤衫	티셔츠	áo phông
70	ティッシュ（ペーパー）	tissue paper	手纸	티슈	khăn giấy
71	デート(する)	(to) date	约会	데이트 (하다)	hẹn hò
72	デザート	dessert	饭后甜点	디저트	tráng miệng
73	トイレットペーパー	toilet paper	卫生纸	화장실 휴지	giấy vệ sinh
74	トースト	toast	烤面包	토스트	bánh mì nướng
75	トマト	tomato	西红柿	토마토	cà chua
76	ドライブ(する)	(to) drive	开车兜风	드라이브 (하다)	đi dạo bằng ô tô
77	トラック	truck	卡车	트럭	xe tải
78	トランプ	playing cards	扑克牌	트럼프	bộ bài tày
79	ドル	dollar	美元	달러	đô la
80	ドレス	dress	女性晚礼服	드레스	váy dắm
81	ノック(する)	(to) knock	敲门	노크 (하다)	gõ cửa
82	バイオリン	violin	小提琴	바이올린	đàn vi-ô-lông

	カタカナ語	英語	中国語	韓国語	ベトナム語
83	バスケット（ボール）	basketball	篮球	농구	bóng rổ
84	バス停	bus stop	公共汽车站	버스 정류장	bến xe buýt
85	パスポート	passport	护照	여권	hộ chiếu
86	バッグ	bag	包	가방	túi
87	バラ	rose	玫瑰	장미	hoa hồng
88	バレー（ボール）	volleyball	排球	배구	bóng chuyền
89	パンダ	panda	熊猫	판다	gấu trúc
90	パンツ	pants	裤子	바지	quần
91	ハンバーガー	hamburger	汉堡包	햄버거	bánh ham-bơ-ga
92	ハンバーグ	Hamburg steak	汉堡牛排	햄버그스테이크	thịt băm viên nướng
93	ピアノ	piano	钢琴	피아노	đàn piano
94	ビザ	visa	签证	비자	visa
95	ピザ	pizza	比萨饼	피자	bánh pizza
96	ビスケット	biscuit	饼干	비스킷	bánh quy
97	ビデオ	video	录像	비디오	băng video
98	ファ（ッ）クス（する）	(to) fax	传真	팩스 (하다)	fax
99	ブラウス	blouse	衬衫	블라우스	áo sơ mi
100	ブラシ	brush	梳子	솔	bàn chải
101	プリント（する）	(to) print	印刷品	프린트 (하다)	(bài) in ấn
102	フルーツ	fruit	水果	과일	hoa quả, trái cây
103	ベル	bell	铃	벨	chuông
104	ベルト	belt	腰带	벨트	thắt lưng
105	ペンギン	penguin	企鹅	펭귄	chim cánh cụt
106	ボウリング	bowling	保龄球	볼링	bowling
107	ボール	ball	球	볼	quả bóng
108	ポスト	mail box	邮箱	우체통	hòm thư
109	ボタン ［機械］	button	按钮	버튼	nút bấm
110	ホット	hot	热	핫	nóng
111	ホワイトボード	whiteboard	白板	화이트보드 칠판	bảng trắng

カタカナ語	英語	中国語	韓国語	ベトナム語
112 マーカー	marker	白板笔	마카	bút đánh dấu
113 マイク	microphone	麦克风	마이크	micro
114 マスク	mask	口罩	마스크	khẩu trang
115 マフラー	scarf, winter scarf	围巾	머플러	khăn quàng cổ (chống lạnh)
116 マンション	condominium; apartment	公寓	맨션	chung cư
117 ミリ（メートル）	millimeter	毫米	밀리（미터）	milimét
118 ミルク	milk	牛奶	밀크	sữa
119 メモ(する)	(to) note	做笔记	메모（하다）	ghi chép
120 メモ用紙	memo pad	笔记用纸	메모 용지	giấy nháp
121 ラーメン	ramen	面条	라면	mì ramen
122 ライオン	lion	狮子	사자	sư tử
123 ライス	rice	米饭	라이스	cơm
124 ラケット	racket	球拍	라켓	vợt
125 ランチ	lunch	午饭	런치	bữa trưa
126 リットル	liter	升（容积单位）	리터	lít
127 リモコン	remote control	遥控	리모컨	điều khiển
128 レインコート	raincoat	雨衣	레인코트	áo mưa
129 レジ	cash register	收银机	계산（대）	máy thanh toán tiền
130 レポート	report, paper	研究报告，报告书	리포트, 보고(서)	báo cáo
131 レモン	lemon	柠檬	레몬	quả chanh
132 ローマ字	Latin/ Roman alphabet	罗马字	영문자	chữ cái La-tinh
133 ロビー	lobby	大厅	로비	sảnh
134 ワイン	wine	葡萄酒	와인	rượu vang
135 ワンピース	dress	连衣裙	원피스	váy liền

PART 3

カテゴリー別で基本カタカナ語をどんどん覚えよう！

Learn more and more katakana terms by category!
根据分类大量地掌握外来语！
카테고리별로 가타카나어를 술술 외우자！
Hãy ghi nhớ từ vựng katanaka theo từng hạng mục!

食べ物・食器
た　　もの　　しょっき

Food , tableware
食物、餐具
음식 · 식기
Đồ ăn, bát đĩa

1. イメージで覚えよう
おぼ

絵に合う語を下の a ～ i から一つ選んで、（　　）に書いてください。
え あ ご した　　　　　　　ひと えら　　　　　　　　　　か
Choose one term that matches the image from a-i.

| a. キャベツ　　b. キャンディー　　c. ドーナツ　　d. フライドポテト　　e. フライパン |
| f. ペットボトル　　g. レモンティー　　h. ケチャップ　　i. マヨネーズ |

① （　　　　　）　② （　　　　　）　③ （　　　　　）　④ （　　　　　）　⑤ （　　　　　）

⑥ （　　　　　）　⑦ （　　　　　）　⑧ （　　　　　）　⑨ （　　　　　）

2. 似た意味のことばで覚えよう
に いみ　　　　　　　おぼ

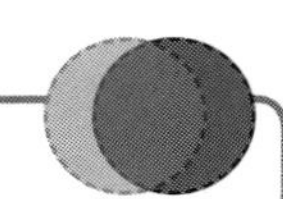

左と右の意味が同じか、最も近い言葉を線で結んでください。
ひだり みぎ いみ おな　　　もっと ちか ことば せん むす
Use lines to connect items with identical meanings or the most similar meanings.

例　テスト　　———————————————　試験
れい　　　　　　　　　　　　　　　　　　　　し けん

① ポテト　　・　　　　　　　　　　・ a. 油
　　　　　　　　　　　　　　　　　　　　あぶら

② チキン　　・　　　　　　　　　　・ b. とり肉
　　　　　　　　　　　　　　　　　　　　　　にく

③ ビーフ　　・　　　　　　　　　　・ c. ぶた肉
　　　　　　　　　　　　　　　　　　　　　　にく

④ オイル　　・　　　　　　　　　　・ d. 牛肉
　　　　　　　　　　　　　　　　　　　　ぎゅうにく

⑤ ポーク　　・　　　　　　　　　　・ e. 食べ物
　　　　　　　　　　　　　　　　　　　　た　　もの

⑥ フード　　・　　　　　　　　　　・ f. 飲み物
　　　　　　　　　　　　　　　　　　　　の　　もの

⑦ ドリンク　・　　　　　　　　　　・ g. ジャガイモ

3. 意味で覚えよう
（いみ　おぼ）

説明に合う語を下のa～kから一つ選んで、（　　）に書いてください。
（せつめい　あ　ご　した　　　　　ひと　えら　　　　　　　　　　　か）
Chose the term from a-k that best matches the explanation.

a. インスタント食品　　b. ヨーグルト　　c. テイクアウト　　d. スパイス （しょくひん） e. セルフサービス　　f. ボリューム　　g. バーベキュー　　h. ファーストフード i. アルコール　　j. ラストオーダー　　k. ミネラルウォーター

① お湯をかけたりするだけで簡単に食べられるもの。　（　　　）
（ゆ　　　　　　　　　　　　　　かんたん　た）

② ビールやワインなどのこと。飲むと顔が赤くなる人もいる。　（　　　）
（の　　かお　あか　　　　ひと）

③ お店の人の仕事（お皿を片づける、など）を、客が自分ですること。　（　　　）
（みせ　ひと　しごと　　さら　かた　　　　　　きゃく　じぶん）

④ 料理の味をからくするもの。　（　　　）
（りょうり　あじ）

⑤ 店で作られた料理をお店で食べずに持ち帰ること。　（　　　）
（みせ　つく　　　りょうり　みせ　た　　　も　かえ）

⑥ 外で肉や野菜を焼いて、楽しく食べること。　（　　　）
（そと　にく　やさい　や　　　たの　た）

⑦ ハンバーガーのように、注文してすぐ食べられるもの。　（　　　）
（ちゅうもん　　　　た）

⑧ 牛乳から作られる、すっぱい食べ物。　（　　　）
（ぎゅうにゅう　つく　　　　　　た　もの）

⑨ その日の最後の注文という意味で、レストランで使われる言葉。　（　　　）
（ひ　さいご　ちゅうもん　いみ　　　　　　　つか　ことば）

⑩ 飲むための水。ペットボトルなどに入れて売られることが多い。　（　　　）
（の　　　みず　　　　　　　　　い　う　　　　　　おお）

⑪ 量が多いことを「＿＿＿がある」という。　（　　　）
（りょう　おお）

4. 例文で覚えよう
（れいぶん　おぼ）

※ 右のカタカナ語が（　　）に入ります。
（みぎ　　　ご　　　　　はい）
Put the katakana terms at the right in the (　)s and remember the example sentence.

7　1 医者に、しばらく（　　）を飲まないように言われた。 （いしゃ　　　　　　の　　　　　　い）	alcohol／酒精、帯酒精 的飲料／알코올／rượu, cồn	**アルコール**
2 （　　）の店に行って、パスタとワインを楽しもう。 （みせ　い　　　　　　　　　　たの）	Italian／意大利的／이탈 리안／kiểu Ý	**イタリアン**
3 （　　）ばかり食べていると、体によくない。 （た　　　　　からだ）	instant food／蒸煮袋食 品／인스턴트 식품／thực phẩm ăn liền	**インスタント食品** （しょくひん）
4 きれいに日焼けするには、顔や体に（　　）をぬって おくといいよ。 （ひや　　　　　　　かお　からだ）	oil／油／오일／dáu	**オイル**

5	肉と（　　）があれば、いろいろな料理が作れますよ。	cabbage ／巻心菜／양배추／ bắp cải	キャベツ
6	この（　　）は、のどが痛いときにすごくいい。	candy ／糖块／사탕／ kẹo	キャンディ（ー）
7	（　　）がたくさん乗っているケーキが好きです。	cream ／奶油／크림／ kem	クリーム
8	生のトマトは嫌いだが、（　　）は好きで、よく料理に使う。	ketchup ／番茄酱／케첩 ／ sốt cà chua	ケチャップ
9	このカレーには、どんな（　　）が入っているんだろう。	spices ／香辛料／향신료 ／ gia vị	スパイス
10	運動してたくさん汗をかいたら、（　　）を飲むといい。	sports drink ／运动饮料／스포츠 음료／ nước uống thể thao	スポーツドリンク
11	この店は（　　）だから、食器を持っていかなくちゃ。	self-service ／自助餐／셀프서비스／ tự phục vụ	セルフサービス
12	料理によって、いろいろな（　　）が使われる。	sauce ／酱／소스／ nước sốt	ソース
13	とり肉を焼いた料理のことを（　　）ソテーという。	chicken ／鸡肉／치킨／ thịt gà	チキン
14	「ご注文は何になさいますか」「ええと、ミルク（　　）」	tea (lemon tea, milk tea) ／茶／티／ hồng trà〔trà chanh, trà sữa〕	ティー〔レモンティー・ミルクティー〕
15	あの店で何か（　　）して、家で食べよう。	take-out ／打包带走／테이크아웃（하다）／ mang về	テイクアウト（する）
16	砂糖と油が多いけど、（　　）が大好きです。	donuts ／炸面圈／도넛／ bánh donut	ドーナツ
17	（　　）のメニューはあるけど、料理のがない。	drink ／饮料／음료수／ đồ uống	ドリンク
18	おおぜいで（　　）をして食べると、楽しい。	barbecue ／烧烤／바비큐／ thịt nướng BBQ	バーベキュー
19	ピザと（　　）、どっちにする？	pasta ／意大利面／파스타／ mì Ý	パスタ
20	チキンカレーより（　　）カレーのほうが好きだ。	beef ／牛肉／비프／ thịt bò	ビーフ
21	早くて安い（　　）は、特に若者に人気がある。	fast food ／快餐／패스트푸드／ thức ăn nhanh	ファ（ー）ストフード
22	「（　　）」を使った言葉には、ファスト（　　）、ペット（　　）、ベビー（　　）など、いろいろある。	food ／食物／푸드／ thức ăn, đồ ăn	フード
23	（　　）をテイクアウトして、ケチャップをつけて食べた。	French fries ／炸土豆条／감자 튀김／ khoai tây chiên	フライドポテト
24	（　　）で作る卵料理には、目玉焼きやオムレツなどがあります。	fry pan ／煎锅／프라이팬／ chảo	フライパン
25	空になった（　　）は、ここに捨ててください。	plastic bottle ／塑料瓶／페트병／ chai nhựa	ペットボトル
26	ぶた肉を焼いた料理のことを（　　）ソテーという。	pork ／猪肉／포크／ thịt lợn	ポーク
27	（　　）サラダ、フライド（　　）など、ジャガイモの料理は多い。	potato(es) ／土豆／감자／ khoai	ポテト
28	運動するなら、もっと（　　）のあるものを食べたら？	volume (amount) ／食量、音量／볼륨／ lượng	ボリューム〔量〕

29	ポテトサラダは、（　　）味のものが多い。	mayonnaise ／蛋黄酱／마요네즈／ sốt mayonnaise	マヨネーズ
30	水道の水がまずいので、（　　）を買った。	mineral water ／矿泉水／생수／ nước khoáng thiên nhiên	ミネラルウォーター
31	毎朝、パンとサラダと（　　）を食べている。	yogurt ／酸奶／요구르트／ sữa chua	ヨーグルト
32	このレストラン、（　　）が9時、閉店が10時だって。	last order ／最后点餐／라스트 오더／ lần gọi món cuối cùng	ラストオーダー

5. 正しく覚えたか、チェックしよう

a、bのうち、正しいほうに〇をつけてください。
Mark the correct answer(s) with a 〇 .

① （a. フード　b. インスタント）食品は、すぐ食べられて便利だ。

② その公園では、（a. バーベキュー　b. ファーストフード）をすることもできる。

③ この（a. フライパン　b. フライドポテト）は、二人分の料理を作るのにちょうどいい大きさだ。

④ （a. ドリンク　b. ペットボトル）に入っている商品は、ジュース、お茶、しょうゆ、ワイン、というように、どんどん増えている。

⑤ このピザは（a. ミネラルウォーター　b. ボリューム）があるね。一人で全部食べられるかな？

⑥ 野菜なら、トマトより（a. キャベツ　b. ドーナツ）のほうが好きだ。

⑦ ビスケットといっしょに、温かい（a. レモンティー　b. ラストオーダー）はどう？

⑧ 仕事でつかれたときは、ちょっと（a. アルコール　b. マヨネーズ）を飲むと、よく眠れる。

⑨ 今日のランチは、サンドイッチにしょうか、（a. パスタ　b. オイル）にしようか。

⑩ おかしが好きな友達に、（a. キャンディー　b. チキン）を買って行ってあげよう。

⑪ この店の料理は、いつでも（a. スポーツドリンク　b. テイクアウト）できるんだって。

⑫ この（a. セルフサービス　b. ソース）は、ハンバーグにかけてもおいしいです。

⑬ （a. クリーム　b. スパイス）パンのような、あまいパンが好きだ。

⑭ 切ったフルーツに（a. ヨーグルト　b. コップ）をかけて食べると、おいしい。

⑮ ポテトフライにはいつも（a. ビーフ　b. ケチャップ）をつけて食べます。

服・くつ
ふ　く

Clothes, shoes
服装、鞋
옷 · 신발
Quần áo, giày dép

1. イメージで覚えよう
　　　　　　おぼ

絵に合う語を下のa〜jから一つ選んで、（　　）に書いてください。
え　あ　ご　した　　　　　　ひと　えら　　　　　　　　か

Choose one term that matches the image from a-j.

a. スニーカー	b. コンタクトレンズ	c. サンダル	d. イヤリング	e. パジャマ
f. ネックレス	g. カーディガン	h. ヘルメット	i. ハイヒール	j. ピン

①  （　　　　　）　②（ 　　　　　）　③（　　　　　）

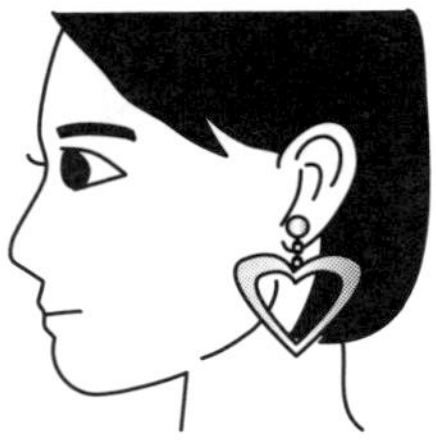

④  （　　　　　）　⑤（　　　　　）

⑥  （　　　　　）　⑦（ 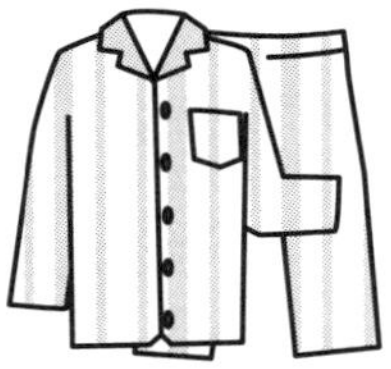　　　　　）　⑧（　　　　　）

⑨  （　　　　　）　⑩（　　　　　）

2. 似た意味のことばで覚えよう

左と右の意味が同じか、最も近い言葉を線で結んでください。
Use lines to connect items with identical meanings or the most similar meanings.

例 テスト ———————————— 試験

① ショートパンツ ・　　　　・ a. 短いスカート

② ロングスカート ・　　　　・ b. 短いズボン

③ ソックス ・　　　　・ c. 短い髪の毛

④ ショートヘアー ・　　　　・ d. くつした

⑤ アクセサリー ・　　　　・ e. 長いスカート

⑥ ミニスカート ・　　　　・ f. 飾り

⑦ サイズ ・　　　　・ g. 大きさ

3. 意味で覚えよう

説明に合う語を下の a ～ g から一つ選んで、（　　）に書いてください。
Chose the term from a-g that best matches the explanation.

a. ブーツ	b. ピアス	c. エプロン	d. ジーンズ
e. スカーフ	f. パーマ	g. サングラス	

① 首に巻くうすい布。　（　　　）

② 長いくつ。冬に履くと、あたたかい。　（　　　）

③ 料理するとき服が汚れないように、服の上につけるもの。　（　　　）

④ 耳につけるかざり。耳に穴をあけて使う。　（　　　）

⑤ 薬を使って髪の形を作る方法、また、その髪型。「＿＿＿をかける」と言う。　（　　　）

⑥ じょうぶなズボン。基本は青い色で、もともとは外で作業するときに履いた。　（　　　）

⑦ 日の光が強いときにかけるめがね。　（　　　）

4. 例文で覚えよう
※ 右のカタカナ語が（　　）に入ります。
Put the katakana terms at the right in the (　)s and remember the example sentence.

	例文	語彙	カタカナ
1	私の趣味は、指輪などの（　　）を手作りすることだ。	accessory／首饰／액세서리／đồ trang sức	アクセサリー
2	女性の耳のところで（　　）が揺れるのは美しい。	earring／耳环／이어링／hoa tai (kẹp)	イヤリング
3	（　　）があれば、服を汚さないで料理ができる。	apron／围裙／앞치마／tạp dề	エプロン
4	午後は寒くなるそうだから、（　　）を持っていこう。	cardigan／开衫／카디건／áo khoác cardigan	カーディガン
5	気楽な会なので、（　　）な服で来てください。	casual／休闲的／캐주얼／thông thường	カジュアル（な）
6	めがねにするか（　　）にするか、迷ってるんです。	contact lens／隐形眼镜／콘택트 렌즈／kính áp tròng	コンタクト（レンズ）
7	「（　　）はおいくつですか」「M（　　）です」	size／尺寸／사이즈／kích cỡ	サイズ
8	夏は、（　　）をかけるようにしている。	sunglasses／墨镜／선글라스／kính râm	サングラス
9	（　　）は、海で履くものや街で履くものなど、種類が多い。	sandals／凉鞋／샌들／dép xàng-đan	サンダル
10	（　　）を履いて会社に行く人は少ないだろう。	jeans／牛仔裤／청바지／quần jeans	ジーンズ
11	夏は、暑いから（　　）を履くことが多い。	shorts／短裤／짧은 바지／quần short	ショートパンツ
12	長かった髪を（　　）にしたら、みんなに驚かれた。	short hair／短发／짧은 머리／tóc ngắn	ショート（ヘア／ヘアー）
13	首に（　　）を巻くと、服の感じを変えることができる。	scarf／丝巾／스카프／khăn quàng cổ	スカーフ
14	（　　）を履くと、長い時間歩いても疲れない。	sneakers／运动鞋／운동화／giày thể thao	スニーカー
15	右と左と違う色の（　　）を履いてきてしまった。	socks／袜子／양말／tất, vớ	ソックス
16	金と銀と、どちらの（　　）を買おうかなあ。	necklace／项链／목걸이／dây chuyền	ネックレス
17	今の髪型に飽きてきたので、今度、（　　）をかけます。	perm／烫头／파마／uốn xoăn	パーマ
18	家に帰って（　　）を脱ぐと、ほっとする。	high heels／高跟鞋／하이힐／giày cao gót	ハイヒール
19	よく眠るには、まくらや（　　）の選び方が大切だそうだ。	pajamas／睡衣／파자마／quần áo ngủ, pi-ja-ma	パジャマ
20	（　　）よりイヤリングの方が落としやすい。	piercing／耳钉／피아스／hoa tai (xó lỗ tai)	ピアス
21	① 名札を（　　）で留めてください。 ② 髪がじゃまになるので、（　　）で留めた。	① pin／别针／옷핀／kim bằng ② hairpin／发卡／（머리）핀／cái kẹp tóc	① ピン ② （ヘア）ピン
22	この雑誌を見れば、流行の（　　）がわかる。	fashion／流行服装／패션／thời trang	ファッション
23	（　　）は暖かくていいけど、脱ぎにくいものもある。	boots／靴子／부츠／giày bốt	ブーツ

24	カジュアルな服ばかりで、（　　）な服はほとんど持っていない。	formal ／正统的、正装／정장／ mang tính nghi lễ	フォーマル（な）
25	オートバイに乗るなら、安全のために（　　）が必要だ。	helmet ／头盔／헬멧／ mũ bảo hiểm	ヘルメット
26	彼女は足がきれいだから、（　　）がよく似合う。	miniskirt ／超短裙／미니スカート／ váy ngắn	ミニスカート
27	山登りをするときだけでなく、ふだんの生活でも（　　）を使うようになった。	backpack ／双肩包／배낭／ ba lô	リュック（サック）
28	あまり足を見せたくないので、いつも（　　）をはいている。	long skirt ／长裙／롱스커트／ váy dài	ロングスカート

5. 正しく覚えたか、チェックしよう

■ a、bのうち、正しいほうに〇をつけてください。
Mark the correct answer(s) with a 〇.

① 寒くなってきたから、そろそろ（ a. ブーツ　b. サンダル ）を買おうと思う。

② 寝る前に（ a. パジャマ　b. ミニスカート ）に着替えなさい。

③ （ a. コンタクトレンズ　b. サングラス ）をかけると、光が強い場所でも目が疲れない。

④ 父へのプレゼントに（ a. ジーンズ　b. パーマ ）を買おうと思う。

⑤ くつは、（ a. カーディガン　b. サイズ ）が合うか、よく確かめてから買ったほうがいい。

⑥ 上品な着物なら、（ a. カジュアルな　b. フォーマルな ）パーティーにぴったりだろう。

⑦ 名札は、（ a. ピン　b. アクセサリー ）で服にとめるものと、ひもで首にかけるものがあります。

⑧ 厚い（ a. ソックス　b. スカーフ ）をはいたら、いつものくつに足が入らなかった。

⑨ （ a. ロングスカート　b. ショートパンツ ）は、運動するときに動きやすくていい。

⑩ 思い切って（ a. ショートヘア　b. ファッション ）にしたら、頭がすっきりして軽くなった。

⑪ 安全のために（ a. リュックサック　b. ヘルメット ）をかぶってください。

⑫ 妹がよくつけている（ a. ハイヒール　b. イヤリング ）に合う（ a. ネックレス　b. ピアス ）をプレゼントした。

⑬ 一日中歩く予定なら、（ a. スニーカー　b. エプロン ）を履いていったほうがいい。

家・店・設備
（いえ・みせ・せつび）

House, store, equipment
房子、店、设备
집·가게·설비
Nhà cửa, cửa hàng, thiết bị

1. イメージで覚えよう

絵に合う語を下の a 〜 j から一つ選んで、（　　）に書いてください。
Choose one term that matches the image from a-j.

| a. ドライヤー | b. コンセント | c. ベランダ | d. バケツ | e. ハンガー |
| f. ベンチ | g. アイロン | h. ガスコンロ | i. テント | j. ポット |

 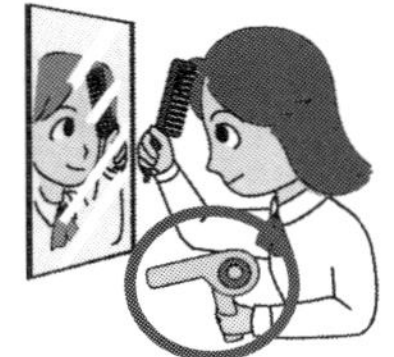 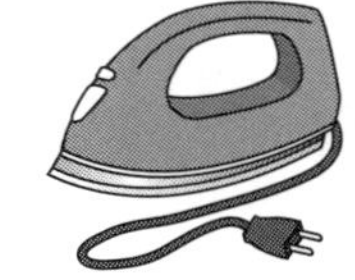  

① （　　　　　）　② （　　　　　）　③ （　　　　　）　④ （　　　　　）　⑤ （　　　　　）

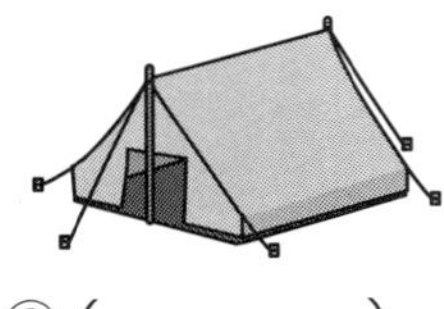 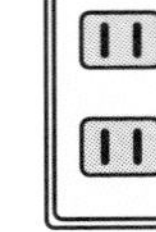   

⑥ （　　　　　）　⑦ （　　　　　）　⑧ （　　　　　）　⑨ （　　　　　）　⑩ （　　　　　）

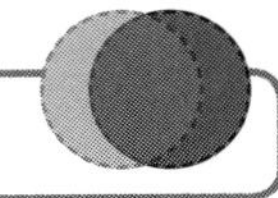

2. 似た意味のことばで覚えよう

左と右の意味が同じか、最も近い言葉を線で結んでください。
Use lines to connect items with identical meanings or the most similar meanings.

例　テスト　——————————————　試験（しけん）

① タワー　・　　　　　・ a. 居間（いま）

② ショップ　・　　　　　・ b. 運動場（うんどうじょう）

③ カフェ　・　　　　　・ c. 大学の校舎や校庭など。大学の全体（だいがく こうしゃ こうてい だいがく ぜんたい）

④ キャンパス　・　　　　　・ d. （細くて）高い建物（ほそ たか たてもの）

⑤ グラウンド　・　　　　　・ e. 店（みせ）

⑥ ドラッグストア　・　　　　　・ f. 喫茶店（きっさてん）

⑦ リビングルーム　・　　　　　・ g. 薬屋（くすりや）

3. 意味で覚えよう

説明に合う語を下の a ～ k から一つ選んで、（　　）に書いてください。
Chose the term from a-k that best matches the explanation.

a. カーペット　　　b. カウンター　　　c. クリーニング店　　　d. コインランドリー　　　e. ダム f. テニスコート　　　g. カイロ　　　h. 電子レンジ　　　i. コーナー　　　j. フロント　　　k. ホール

① 水をたくさん貯めるために造られるもの。　（　　　）

② 人がたくさん集まれる広い部屋。　例 コンサート＿＿、ダンス＿＿　（　　　）

③ 店で、客と店員の間にある細長いテーブル。また、図書館などで窓口になるところ。　（　　　）

④ 部屋の角。または、部屋の中に作られた小さい空間。　（　　　）

⑤ 食べ物を温める電気製品。　例 ＿＿にかける、＿＿でチンする　（　　　）

⑥ 服をきれいにする店。　（　　　）

⑦ お金を払って洗濯機を使うことができる店。　（　　　）

⑧ ホテルや会社などの受付。　（　　　）

⑨ 床にしくもの。じゅうたん。　（　　　）

⑩ 寒いときに手や体を温めるもの。服に貼ることもある。（　　　）

⑪ テニスなどのスポーツを実際にする場所。　（　　　）

4. 例文で覚えよう　　※ 右のカタカナ語が（　　）に入ります。
Put the katakana terms at the right in the ( )s and remember the example sentence.

1	洗濯したシャツに（　　　）をかけなくちゃ。	iron ／熨斗／다리미／ là, úi	アイロン
2	明るい色の（　　　）をしくと、部屋が明るくなる。	carpet ／地毯／카펫／ tấm thảm	カーペット
3	寒いので、今日はシャツに（　　　）をはってきました。	body warmer ／携帯一次性火炉／핫팩／ miếng giữ nhiệt	カイロ
4	テーブル席はいっぱいだけど、（　　　）席なら、空いている。	counter ／服务台／카운터／ quầy	カウンター
5	（　　　）を使って料理している間は、台所にいたほうがいい。	portable range ／瓦斯台／가스 레인지／ bếp ga	（ガス）コンロ

#	例文	訳語	カタカナ
6	今日のランチは、あそこの（　　）で食べよう。	café ／咖啡店／카페／ quán cà phê	カフェ
7	大学に３つ（　　）があって、場所を間違えました。	campus ／校园／캠퍼스 ／ cơ sở, trụ sở	キャンパス
8	（　　）がこわれたから、暑くてたまらない。	air conditioner ／冷气／ 에어컨／ máy điều hoà	クーラー
9	午後は、学校の（　　）でサッカーの練習をします。	grounds; field ／操场／ 운동장／ sân vận động	グラウンド
10	あの（　　）は仕事がていねいだから、どんな服を預けても安心だ。	cleaners ／洗衣店／세탁 소／ tiệm giặt ủi	クリーニング店
11	うちの洗濯機は小さいから、大きいものを洗いたいときは（　　）に行く。	coin laundry ／投币洗 衣店／빨래방／ máy giặt tự động (dùng tiền xu)	コインランドリー
12	無料の相談（　　）もあるから、行ってみたら？	corner ／专柜、角落／코 너／ gian hàng	コーナー
13	この部屋は（　　）がたくさんあって、電気製品を使うときに便利だ。	electrical outlet ／插关 ／콘센트／ ổ cắm	コンセント
14	最近は店に行かないで、オンライン（　　）を使う人が増えている。	shop ／店／쇼핑몰／ cửa hàng	ショップ
15	お客さんがよく来るから、（　　）のテーブルはもう少し大きいほうがいい。	dining room ／餐厅／다 이닝（룸）／ phòng ăn uống	ダイニング（ルーム）
16	ずっと雨が降らないので、（　　）の水が減っている。	dam ／水库／댐／ đập	ダム
17	東京（　　）は高さが 333 メートルです。	tower ／塔／타워／ tháp	タワー
18	公園の（　　）を予約して、週末にテニスをしよう。	tennis court ／网球场／ 테니스 코트／ sân ten-nít	テニスコート
19	（　　）があると、料理の時間が短くなって便利だ。	microwave ／微波炉／전 자 레인지／ lò vi sóng	電子レンジ
20	自分で（　　）を用意して登山するなんて、すごいね。	tent ／帐篷／텐트／ lều cắm trại	テント
21	この（　　）はパワーがあって、髪がすぐ乾く。	hairdryer ／吹风机／드라 이어／ máy sấy tóc	ドライヤー
22	（　　）では、薬だけじゃなく、化粧品や食品も売っている。	drugstore ／药妆店／드 러그 스토어／ hiệu thuốc	ドラッグストア
23	大掃除をするから、（　　）に水を入れてきて。	bucket ／水桶／양동이／ thùng	バケツ
24	せまくてもいいから、（　　）のあるアパートがいい。	bathroom ／浴室／욕실 ／ phòng tắm	バスルーム
25	（　　）の床は掃除がしやすい。	barrier-free; accessible ／无障碍／배리어 프리／ không có trở ngại	バリアフリー
26	ジャケットは（　　）にかけてください。	(clothes) hanger ／衣服 架／옷걸이／ cái móc áo	ハンガー
27	朝晩寒くなってきたので、（　　）をつけている。	heater ／暖气／히터／ máy sưởi	ヒーター
28	近くにいいレストランがないか、ホテルの（　　）で聞いてみよう。	front desk ／服务台／프 런트／ quầy tiếp tân	フロント

29	マンションの（　　）で植物を育てています。	veranda ／阳台／베란다／ ban công	**ベランダ**
30	酔っぱらって、駅の（　　）で寝てしまった。	bench ／凳子／벤치／ ghế dài (ở công viên, nhà ga..)	**ベンチ**
31	今、地下（　　）でジャズの演奏をやってるよ。	hall ／大厅／홀／ đại sảnh	**ホール**
32	電気（　　）は、すぐお湯がわかせて便利だ。	pot ／暖水瓶／포트／ ấm	**ポット**
33	父と母は今、（　　）でテレビを見ています。	living room ／客厅／거실／ phòng khách	**リビング（ルーム）**

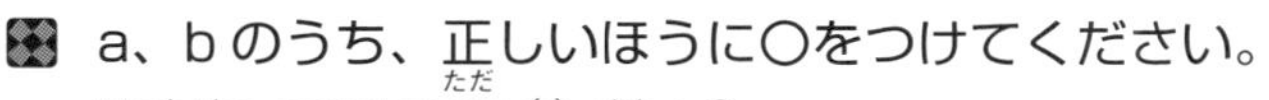

5. 正しく覚えたか、チェックしよう

a、b のうち、正しいほうに〇をつけてください。
Mark the correct answer(s) with a ○.

① 新しい（ a. カーペット　b. カーテン ）をつけたら、部屋の感じがずいぶん変わった。

② 広い（ a. ダイニングルーム　b. バスルーム）で食事をすると、気持ちいいね。

③ 年をとった両親のために、家を工事して（ a. バリアフリー　b. コーナー ）にした。

④ ドライヤーを使いたいんだけど、（ a. コンセント　b. ガスコンロ ）はどこ？

⑤ 広い（ a. コインランドリー　b. グラウンド）があれば、サッカーと野球が両方できる。

⑥ スーツは、ぬいだら（ a. ハンガー　b. クーラー ）に掛けないと！

⑦ ホテルで（ a. テント　b. フロント ）係の仕事をしているので、毎日、たくさんの人と話をする。

⑧ 携帯の調子がずっと悪いので、携帯（ a. バケツ　b. ショップ ）で見てもらいます。

⑨ 新しくできた音楽（ a. カウンター　b. ホール ）は音がすごくいい。

⑩ 洗濯物は、いつも（ a. ベランダ　b. カイロ ）に干している。

⑪ お弁当は（ a. ポット　b. 電子レンジ ）で温める？

⑫ サンドイッチを買って、公園の（ a. ベンチ　b. リビング ）で食べよう。

⑬ 店の（ a. コーナー　b. テニスコート ）には、大きな植物が置かれていた。

⑭ 古いズボンでも、アイロンを（ a. 入れる　b. かける ）と、新しいズボンのようになるよ。

⑮ 暑い日は、（ a. ヒーター　b. クーラー ）をつけたままで寝ています。

4

文具・材料
ぶ　ん　ぐ　　　　ざ　い　りょう

Stationery, materials
文具、材料
문구・재료
Vǎn phòng phẩm, vật liệu

1. イメージで覚えよう
おぼ

❖ 絵に合う語を下の a〜g から一つ選んで、（　　　）に書いてください。
え　あ　ご　した　　　　　　　　ひと　えら　　　　　　　　　　　　　か

Choose one term that matches the image from a-g.

a. クリップ	b. ロッカー	c. カッター	d. セロハンテープ
e. ガムテープ	f. 段ボール	g. コピー用紙
	だん		ようし

① （　　　　　　　　）

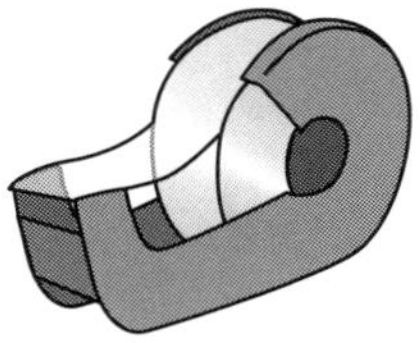

② （　　　　　　　　）

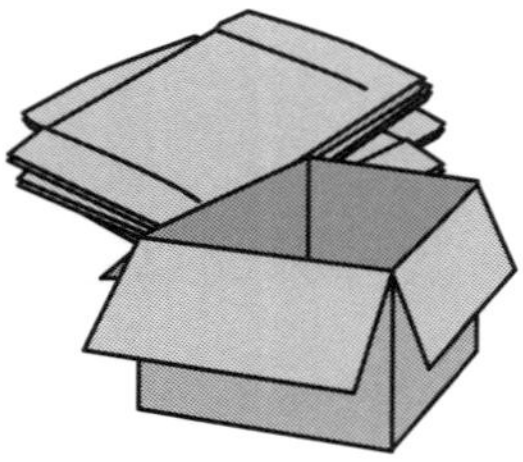

③ （　　　　　　　　）

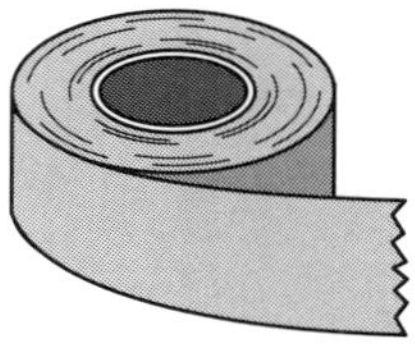

④ （　　　　　　　　）

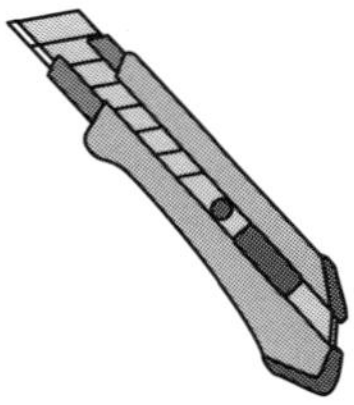

⑤ （　　　　　　　　）

⑥ （　　　　　　　　）

⑦ （　　　　　　　　）

2. 似た意味のことばで覚えよう

左と右の意味が同じか、最も近い言葉を線で結んでください。
Use lines to connect items with identical meanings or the most similar meanings.

例 テスト ————————————— 試験

① パワー ・　　　　　　・ a. 綿
② ウール ・　　　　　　・ b. 絹
③ コットン ・　　　　　　・ c. 羊の毛
④ シルク ・　　　　　　・ d. 力

3. 意味で覚えよう

説明に合う語を下の a〜h から一つ選んで、（　　）に書いてください。
Chose the term from a-h that best matches the explanation.

a. コンクリート	b. ゴム	c. エネルギー	d. アルミ
e. スチール	f. ガソリン	g. ビニール	h. プラスチック

① ビルを建てたり道路を造ったりする材料。じょうぶで固い。　（　　　）

② 車を動かす燃料※。　（　　　）
※燃料：燃やして、熱や力に変化させて使うもの

③ 銀色の金属。アルミニウム。これで作られた缶は＿＿缶と呼ばれる。　（　　　）

④ アルミニウムよりじょうぶで、棚などの材料にもなる。これで作られた缶は＿＿缶と呼ばれる。　（　　　）

⑤ 柔らかくて、伸ばしたり形を変えたりしやすい材料。　例 消し＿＿、輪＿＿（　　　）

⑥ 化学的に作られた材料。安くて軽い。　例 ＿＿傘、＿＿袋（　　　）

⑦ 化学的に作られた材料。金属やガラスより軽いが、＿＿ゴミは環境問題になっている。
（　　　）

⑧ 力を出すもと。電気やガスの使う量を減らすことを「省エネ（←省＿＿）」という。　（　　　）

4.　例文で覚えよう

※ 右のカタカナ語が（　　）に入ります。
Put the katakana terms at the right in the ( )s and remember the example sentence.

1	（　　）缶とスチール缶は、分けて出してください。	aluminum ／铝制品／알루미늄／ nhôm	アルミ
2	そろそろプリンターの（　　）が切れるね。	ink ／印刷用油料／잉크／ mực (viết, in)	インク
3	（　　）のセーターを洗濯機で洗ったら、小さくなっちゃった。	wool ／毛／울／ len	ウール
4	運動の前には、おにぎりを食べるといいよ。すぐ（　　）になるから。	energy ／能量／에너지／ năng lượng	エネルギー
5	（　　）以外の燃料で動く車もある。	gasoline ／汽油／가솔린／ xăng	ガソリン
6	はさみと（　　）と、どちらが使いやすいかなあ。	paper cutter ／剪纸刀／커터칼／ dao rọc giấy	カッター(ナイフ)
7	段ボールの箱を留めるなら、（　　）がいいよ。	packing tape ／胶带／접착테이프／ băng keo giấy	ガムテープ
8	大切な書類は（　　）でまとめてください。	paper clip ／夹子／클립／ kẹp giấy	クリップ
9	赤ちゃんの誕生祝いは、やわらかい（　　）のタオルにしよう。	cotton ／棉／면／ bông, cốt-tông	コットン
10	（　　）がなくなる前に注文しておかないと、コピーできなくなる。	copy paper ／复印纸／복사용지／ giấy in, giấy photo	コピー用紙
11	トイレを掃除するときは、（　　）手袋をします。	rubber ／胶皮／고무／ cao su	ゴム
12	津波から町を守るために、海岸に（　　）の高い壁が造られた。	concrete ／混凝土／콘크리트／ bê tông	コンクリート
13	母の日に、（　　）のスカーフをプレゼントした。	silk ／丝绸／실크／ lụa	シルク
14	私は（　　）の棚より木の棚のほうが好きです。	steel ／钢／스틸／ thép	スチール
15	貼ったときに、（　　）はガムテープより目立たない。	cellophane tape ／透明胶带／셀로테이프／ băng dính trong	セロハンテープ
16	引っ越しのときに使った（　　）箱が、なかなか片付けられない。	cardboard box ／纸盒箱／종이 박스／ hộp giấy	段ボール
17	このかばんは（　　）製だから、濡れても大丈夫です。	nylon ／尼龙／나일론／ ni lông	ナイロン
18	日本チームは技術はあるけど、スピードと（　　）が足りない。	power ／力量／파워／ sức mạnh	パワー
19	あ、雨だ。しょうがない。コンビニで（　　）傘を買おう。	vinyl ／塑料／비닐／ vi ni lông	ビニール
20	このコップは（　　）でできてるから、落としても割れません。	plastic ／塑料／플라스틱／ nhựa	プラスチック

5.　正しく覚えたか、チェックしよう

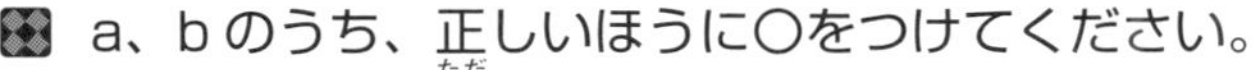

a、bのうち、正しいほうに〇をつけてください。
Mark the correct answer(s) with a ○.

① ボールペンの （ a. インク　 b. アルミ ）がなくなっちゃった。

② 寒いときは （ a. エネルギー　 b. ウール ）のマフラーをすると暖かくなるよ。

③ 明日は遠くまで行くから、車に（ a. コットン　 b. ガソリン ）を入れておかないと。

④ 段ボール箱を開けたいんだけど、（ a. ガムテープ　 b. コンクリート ）がしっかりついていて、
なかなか開けられない。だれか （ a. カッター　 b. シルク ）を貸してくれない？

⑤ 明日の会議で使う資料は （ a. コピー用紙　 b. クリップ ）で留めて、課長の机の上に置きま
した。

⑥ この美術館では、大きい荷物を （ a. ロッカー　 b. プラスチック ）に入れなければならない。

⑦ 破れたところに （ a. セロハンテープ　 b. ゴム ）を貼ったから、これで、ちゃんと読める。

⑧ ぬれた傘は、この （ a. パワー　 b. ビニール ）袋に入れてお持ちください。

⑨ このジャケットは （ a. スチール　 b. ナイロン ）製だから、洗濯してもすぐ乾く。

機械・道具・部品
きかい　どうぐ　ぶひん

Machinery, tools, parts
机械、道具、零件
기계 · 도구 · 부품
Máy móc, dụng cụ, bộ phận

1. イメージで覚えよう
おぼ

絵に合う語を下の a 〜 g から一つ選んで、（　　）に書いてください。
え あ ご した　　　　　　ひと えら　　　　　　　　　か

Choose one term that matches the image from a-g.

a. ハンドル	b. タイヤ	c. イヤホン	d. ヘッドホン
e. レンズ	f. スクリーン	g. ケーブル	

① （　　　　　）

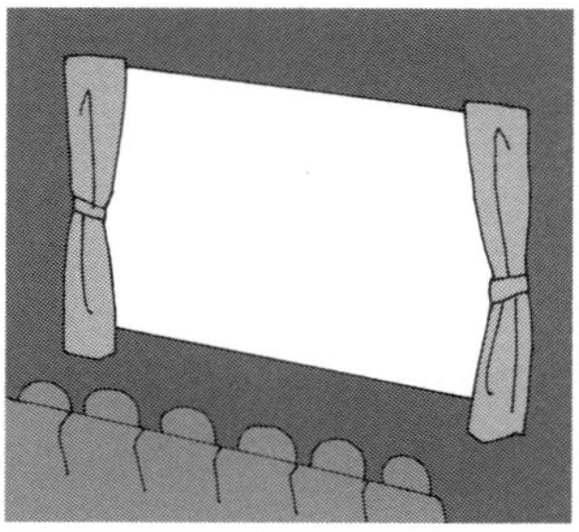

② （　　　　　）

③ （　　　　　）

④ （　　　　　）

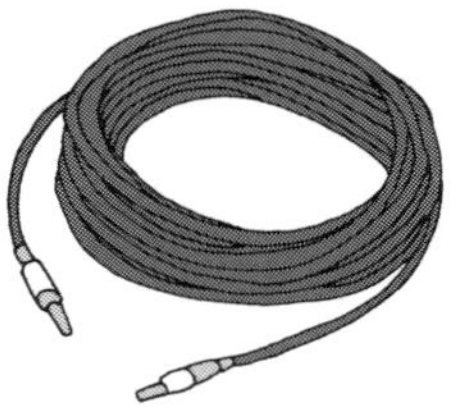

⑤ （　　　　　）

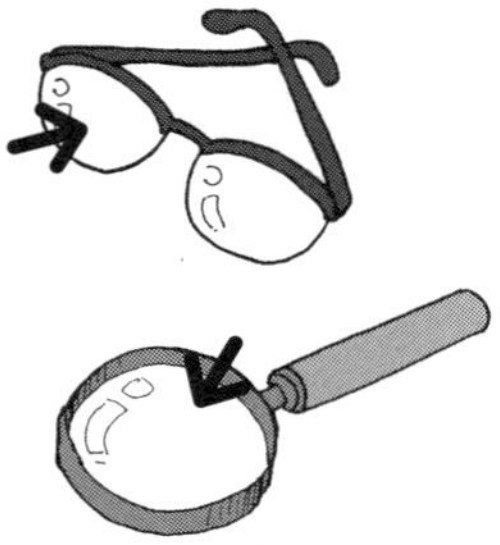

⑥ （　　　　　）

⑦ （　　　　　）

2. 似た意味のことばで覚えよう

■ 左と右の意味が同じか、最も近い言葉を線で結んでください。
Use lines to connect items with identical meanings or the most similar meanings.

例 テスト ————————————— 試験

① プリンター　・　　　　　　　・ a.印刷機

② ディスク　・　　　　　　　・ b.鍵

③ キー　・　　　　　　　・ c.CD、DVD など

④ ヒーター　・　　　　　　　・ d.めざまし時計の音

⑤ アラーム　・　　　　　　　・ e.明かり

⑥ ライト　・　　　　　　　・ f. ストーブ

⑦ ボリューム　・　　　　　　　・ g.音の大きさ

3. 意味で覚えよう

■ 説明に合う語を下の a 〜 f から一つ選んで、（　　）に書いてください。
Chose the term from a-f that best matches the explanation.

a. エンジン	b. コード	c. サイレン	d. チャイム	e. ホース	f. ポリ袋

① 車を動かす中心部分。これが動き出すと「＿＿がかかった」と言う。（　　　　）

② コンセントにつないで、電気製品を働かせるもの。（　　　　）

③ ごみを捨てるときによく使う袋。外から中が見える。（　　　　）

④ パトカーなどが、周りに危険を伝えて注意させるために出す大きな音。（　　　　）

⑤ 花に水をやったり、車を洗ったりするときに、水道につなぐ細長い道具。（　　　　）

⑥ ある時間になったことや、自分が来たこと、などを人に伝えるための音。（　　　　）

4. 例文で覚えよう

※ 右のカタカナ語が（　）に入ります。
Put the katakana terms at the right in the ( )s and remember the example sentence.

11	1	けさは（　　）が鳴らなくて、ねぼうしちゃったよ。	alarm／铃声、打铃／알람／chuông báo	**アラーム**
	2	音が聞こえると迷惑なので、（　　）をつけて聞きます。	earphones／耳机／이어폰／tai nghe	**イヤホン**
	3	気温が低いと、車の（　　）がかかりにくい。	engine／发动机／엔진／động cơ	**エンジン**
	4	（　　）をつけないと、スマホにすぐ傷がつきますよ。	cover／（外面包装用的）罩子／커버／bao	**カバー**
	5	車の（　　）を失くしてしまったので、運転できない。	key／钥匙／키／chìa khoá	**キー**
	6	コンタクトレンズは、洗ったらすぐ（　　）に入れてください。	case／箱子／케이스／bao, hộp, va li	**ケース**
	7	インターネットを無線にしたので、家の中の（　　）がずいぶん減った。	cable／电缆／케이블／dây cáp	**ケーブル**
	8	ここに電子レンジを置きたいけど、（　　）が短くて、コンセントに届かない。	cord／电线／코드／dây điện	**コード**
	9	パトカーの（　　）の音がうるさいね。	siren／警笛／사이렌／còi báo động	**サイレン**
	10	紙の資料は配りませんので、この（　　）を見ながら説明を聞いてください。	screen／屏幕／스크린／màn hình	**スクリーン**
	11	トーストを焼くときは、（　　）を3分にします。	timer／定时器／타이머／hẹn giờ	**タイマー**
	12	自転車の（　　）に空気を入れなくちゃ。	tire(s)／轮胎／타이어／bánh xe	**タイヤ**
	13	授業が始まる時間、終わる時間には（　　）が鳴ります。	chime／打铃／차임벨／chuông	**チャイム**
	14	テレビの（　　）を変えたいけど、リモコンが見つからない。	channel／频道／채널／chương trình	**チャンネル**
	15	大切なデータは（　　）やUSBメモリーなどに保存しておいたほうがいい。	disk／磁盘／디스크／đĩa	**ディスク**
	16	運転中は（　　）から手を離してはいけない。	(steering) wheel／方向盘／핸들／tay cầm	**ハンドル**
	17	答えが正しい場合はチャイムが、間違っている場合は（　　）が鳴ります。	buzzer／蜂鸣器／버저／chuông	**ブザー**
	18	ここは暗いから、（　　）がないとうまく写真が撮れない。	flash／闪光灯／플래시／ánh sáng	**フラッシュ**
	19	（　　）が故障していて、印刷ができません。	printer／印刷机／프린터／máy in	**プリンター**
	20	（　　）をつけて音楽を聴いていたので、電話に気がつかなかった。	headphones／耳机／헤드폰／tai nghe chup đầu	**ヘッドホン**

21	広い庭だから、花に水をやるには長い（　　　）が必要です。	hose ／水管／호수／ống vòi	**ホース**
22	ごみは、この（　　　）に入れて出してください。	plastic bag ／塑料袋／비닐 봉투／ túi ni lông	**ポリ袋**
23	音が大きいです。もう少し（　　　）を下げてください。	volume (sound) ／音量／볼륨／ âm lượng	**ボリューム［音量］**
24	車の（　　　）がつけっぱなしですよ。	lights ／灯／라이트／ đèn	**ライト**
25	寒い所から急に暖かい部屋に入ると、めがねの（　　　）が曇って困る。	lens ／镜头／렌즈／ kính	**レンズ**

5.　正しく覚えたか、チェックしよう

a、bのうち、正しいほうに○をつけてください。
Mark the correct answer(s) with a ○.

① アメリカの車は日本と違って、（ a. ハンドル　b. ライト ）が左側に付いている。

② （ a. チャンネル　b. チャイム ）が鳴ったらすぐ、授業が始まります。

③ この機械は、エラーが出ると、（ a. ブザー　b. ホース ）が鳴るようになっています。

④ ずっと乗らなかったバイクの（ a. エンジン　b. タイヤ ）が、かかりにくくなった。

⑤ 隣の人の（ a. ヘッドホン　b. ボリューム ）から音が聞こえて、うるさかった。

⑥ めざまし時計の（ a. アラーム　b. ヒーター ）がこわれていて、遅刻してしまった。

⑦ 国際通信には、海底（ a. ブラシ　b. ケーブル ）が重要な役割を持っている。

⑧ ぬれたタオルは、（ a. フラッシュ　b. ポリ袋 ）に入れて持ち帰ろう。

⑨ ここにテレビを置きたいが、コンセントが遠くて（ a. コード　b. イヤホン ）が届かない。

⑩ ペンは、そこの（ a. カバー　b. ケース ）に入っていますから、ご自由にお使いください。

⑪ 試合の様子は、大きな（ a. レンズ　b. スクリーン ）でみんなで見ることができた。

⑫ こちらの（ a. プリンター　b. サイレン ）で印刷してもいいですか。

⑬ 10分温めるから、（ a. イヤホン　b. タイマー ）が鳴ったら、火を止めてね。

カテゴリー別で基本カタカナ語をどんどん覚えよう！ **N3** 450語

交通・場所
こうつう　ばしょ

Traffic, places
交通・场所
교통 · 장소
Giao thông, nơi chốn

1. イメージで覚えよう
おぼ

絵に合う語を下の a 〜 m から一つ選んで、（　　）に書いてください。
え　あ　ご　した　　　　　　　　　　ひと　えら　　　　　　　　　　　か

Choose one term that matches the image from a-m.

a. トンネル	b. ボート	c. モノレール	d. ビーチ	e. ヘリコプター
f. ホーム	g. パトカー	h. ガソリンスタンド	i. カーブ	j. アジア
k. アフリカ	l. ヨーロッパ	m. シートベルト		

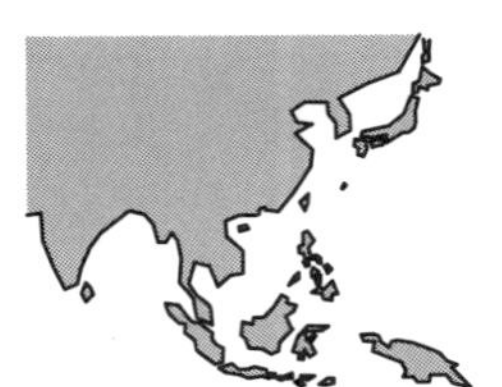

① （　　　　　）

② （　　　　　）

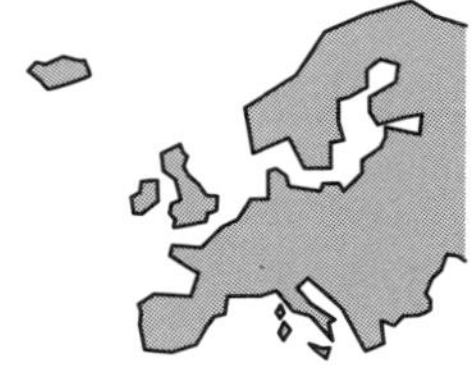

③ （　　　　　）

④ （　　　　　）

⑤ （　　　　　）

⑥ （　　　　　）

⑦ （　　　　　）

⑧ （　　　　　）

⑨ （　　　　　）

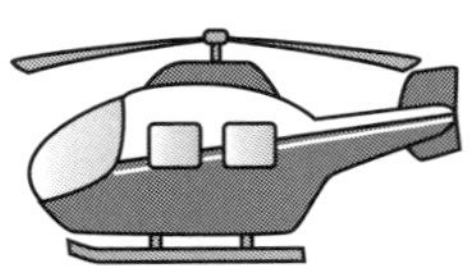

⑩ （　　　　　）

⑪ （　　　　　）

⑫ （　　　　　）

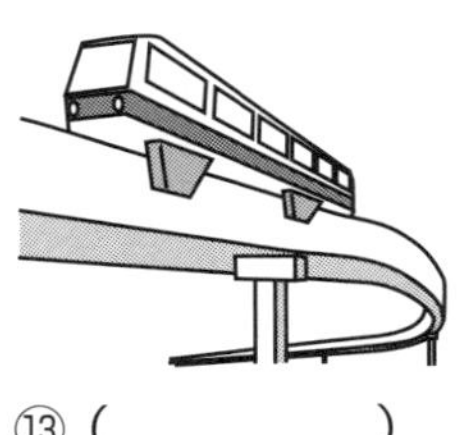

⑬ （　　　　　）

2. 似た意味のことばで覚えよう

左と右の意味が同じか、最も近い言葉を線で結んでください。
Use lines to connect items with identical meanings or the most similar meanings.

例 テスト　　　　　　————————　試験

① シーズン　　　・　　　　　・ a. 予定
② スケジュール　・　　　　　・ b. 機会
③ スタート　　　・　　　　　・ c. 出発、開始
④ スピード　　　・　　　　　・ d. 通る道
⑤ トップ　　　　・　　　　　・ e. 一番
⑥ ルート　　　　・　　　　　・ f. 季節
⑦ チャンス　　　・　　　　　・ g. 速さ、速度

3. 意味で覚えよう

説明に合う語を下の a ～ h から一つ選んで、（　　）に書いてください。
Chose the term from a-h that best matches the explanation.

a. ラッシュ（アワー）　　 b. コース　　 c. スペース　　 d. タイミング
e. ゴール　　 f. ブレーキ　　 g. センター　　 h. ピーク

① 決められた道。進んで行く道。（　　　）

② 競走の終わるところ。サッカーなどでボールを入れると点数が入るところ。（　　　）

③ 空いている場所。空間。（　　　）

④ 中心、中心になる建物・場所。（　　　）

⑤ あることをするとき。あることをするのに最もいいとき。（　　　）

⑥ 物事の一番盛んな状態・様子のとき。（　　　）

⑦ 車などの動きを止めたり、遅くしたりするためのもの。（　　　）

⑧ 学生や会社員などが多くなり、電車やバスなどがとても混む時間。（　　　）

6 交通・場所

4. 例文で覚えよう

※ 右のカタカナ語が（　　）に入ります。
Put the katakana terms at the right in the (　)s and remember the example sentence.

1	日本は（　　）の国です。	Asia ／亚洲／아시아／ Châu Á	アジア
2	（　　）の広い草原で野生動物を見てみたい。	Africa ／非洲／아프리카／ Châu Phi	アフリカ
3	山道は（　　）が多いから、運転に注意してください。	curve; turn ／弯／커브／ đường cong	カーブ
4	もうすぐガソリンがなくなりそうだから、（　　）に行かなくちゃ。	gas station ／加油站／주유소／ trạm xăng	ガソリンスタンド
5	この道はオリンピックのマラソン（　　）になります。	course ／路线／코스／ lộ trình	コース
6	今やっている仕事の（　　）がなかなか見えない。	goal ／终点／끝／ đích đến	ゴール
7	もうすぐお花見の（　　）ですね。	season ／季节／시즌／ mùa	シーズン
8	タクシーに乗ったときも（　　）をしめたほうがいい。	seatbelt ／安全带／안전밸트／ dây an toàn	シートベルト
9	（　　）が決まったら、早めに知らせてください。	schedule ／日程表／스케줄／ lịch trình	スケジュール
10	試験勉強、もう少し早めに（　　）すればよかった。	start ／开始／스타트／ bắt đầu	スタート(する)
11	あの車、ちょっと（　　）を出しすぎなんじゃない？	speed ／速度／스피드／ tốc độ	スピード
12	名前を書くときは、名字と名の間に（　　）を入れてください。	space ／场地、空间／스페이스／ khoảng cách	スペース
13	相談があるときは、留学生（　　）で聞いてください。	center ／中心／센터／ trung tâm	センター
14	今日は（　　）よく、すぐにバスが来た。	timing ／时机／타이밍／ thời điểm	タイミング
15	（　　）があったら、ほかの仕事もやってみたいです。	chance ／机会／찬스／ cơ hội	チャンス
16	今月の売り上げ成績（　　）は田中さんです。	top ／首位／톱／ đỉnh	トップ
17	（　　）の中ではライトをつけて運転しなければなりません。	tunnel ／隧道／터널／ đường hầm	トンネル
18	今年の（　　）は日本人も受賞した。	Nobel prize ／诺贝尔奖／노벨상／ giải thưởng Nobel	ノーベル賞
19	何かあったみたいだね。（　　）が2台も止まっている。	police car ／警车／경찰차／ xe cảnh sát	パトカー
20	この店の忙しさの（　　）は12時から1時です。	peak ／高峰／피크／ cao điểm	ピーク
21	南の島の（　　）でのんびりしたいなあ。	beach ／海滩／비치／ bãi biển	ビーチ
22	道に子どもが飛び出してきたので、急いで（　　）を踏んだ。	brakes ／车闸／브레이크／ phanh	ブレーキ
23	山の中なので、（　　）で助けに行くしかない。	helicopter ／直升飞机／헬리콥터／ trực thăng	ヘリコプター
24	湖 には、（　　）に乗ってつりをしている人もいた。	boat ／小船／보트／ thuyền	ボート

25	酔っぱらって駅の（　　　）から落ちないようにね。	home ／站台／홈／ sân ga	ホーム
26	この動物園はとても広いので、（　　　）で移動できるようになっています。	monorail ／单轨电车／모노레일／ tàu điện một ray	モノレール
27	フランスは（　　　）の国です。	Europe ／欧洲／유럽／ Châu Âu	ヨーロッパ
28	ちょうど夕方の（　　　）だったので、電車は込んでいました。	rush hour ／交通高峰时间／러시 아워／ giờ cao điểm	ラッシュ（アワー）
29	時間がかかっても、一番安全な（　　　）で行きたい。	route ／路线／루트／ lộ trình	ルート

5. 正しく覚えたか、チェックしよう

■ a、b のうち、正しいほうに○をつけてください。
Mark the correct answer(s) with a ○.

① まっすぐに投げたつもりだったが、ボールは大きく（ a. カーブ　b. コース ）した。

② もうずいぶん歩いたけど、（ a. ゴール　b. スペース ）はまだかなあ。

③ 駅の（ a. ホーム　b. ビーチ ）でおおぜいの人が電車を待っていた。

④ この（ a. パトカー　b. ルート ）で合っているはずだが、なかなか目的地に着かない。

⑤ もうすぐ野球の（ a. チャンス　b. シーズン ）が始まるので、楽しみです。

⑥ 車のタイヤの調子が悪いので、（ a. ガソリンスタンド　b. ブレーキ ）で見てもらった。

⑦ 恋人と、休みが取れる日の（ a. ラッシュアワー　b. タイミング ）が合わず、なかなかデートできない。

⑧ すみません、（ a. スケジュール　b. モノレール ）がいっぱいで、私は参加できません。

⑨ この長い（ a. トンネル　b. スピード ）を抜けると、隣の県になる。

⑩ 山田氏の研究は、近い将来（ a. ノーベル賞　b. ピーク ）をとる可能性があるそうだ。

⑪ （ a. トップ　b. ヘリコプター ）だと、30分以内でけが人を運ぶことができる。

⑫ 今日から新しい仕事が（ a. スピード　b. スタート ）するので、緊張している。

趣味
しゅみ

Hobbies
兴趣
취미
Sở thích

1. イメージで覚えよう
　　　　　　おぼ

絵に合う語を下の a 〜 h から一つ選んで、（　　　）に書いてください。
え あ ご した　　　　　　　ひと えら　　　　　　　　か
Choose one term that matches the image from a-h.

a. ジャズ　　　b. ライブ　　　c. ヨガ　　　d. ジム　　　e. キャンプ	
f. ジョギング　　　g. オーケストラ　　　h. ペット	

① （　　　　　）　　② （　　　　　）　　③ （　　　　　）　　④ （　　　　　）

⑤ （　　　　　）　　⑥ （　　　　　）　　⑦ （　　　　　）　　⑧ （　　　　　）

2. 似た意味のことばで覚えよう
　　　に い み　　　　　　　　おぼ

左と右の意味が同じか、最も近い言葉を線で結んでください。
ひだり みぎ い み おな　　もっと ちか こと ば せん むす
Use lines to connect items with identical meanings or the most similar meanings.

例　テスト　　　　　・　　　　　　　・　試験
れい　　　　　　　　　　　　　　　　　　し けん

① アート　　　　　・　　　　　　　・　a. 歩くこと
　　　　　　　　　　　　　　　　　　　　　ある

② チャンピオン　・　　　　　　　・　b. 競争
　　　　　　　　　　　　　　　　　　　　　きょうそう

③ ウォーキング　・　　　　　　　・　c. 案内書
　　　　　　　　　　　　　　　　　　　　　あんないしょ

④ アウトドア　　・　　　　　　　・　d. 芸術
　　　　　　　　　　　　　　　　　　　　　げいじゅつ

⑤ ガイドブック　・　　　　　　　・　e. 優勝者
　　　　　　　　　　　　　　　　　　　　　ゆうしょうしゃ

⑥ レース　　　　・　　　　　　　・　f. 屋外
　　　　　　　　　　　　　　　　　　　　　おくがい

⑦ ファン　　　　・　　　　　　　・　g. ある人・チーム・分野などが好きな人
　　　　　　　　　　　　　　　　　　　　　ひと　　　　　　ぶん や　　　す　ひと

3. 意味で覚えよう

■ 説明に合う語を下の a ～ k から一つ選んで、（　　）に書いてください。
Chose the term from a-k that best matches the explanation.

> a. クラシック　　b. レクリエーション　　c. オリンピック　　d. クイズ
>
> e. マラソン　　f. サポーター　　g. オペラ　　h. バンド　　i. マニア
>
> j. アニメーション（アニメ）　　k. ハイキング

① 楽器を演奏するグループ。　（　　）

② 絵が動いているように見せるもの。また、その技術を使った作品。　（　　）

③ 4年ごとに行われるスポーツの国際的な大会。マークは5つの輪。　（　　）

④ 歌とオーケストラによる音楽劇。　（　　）

⑤ 42.195キロを走る競走。　（　　）

⑥ サッカーなどで、あるチームを熱心に応援する人。　（　　）

⑦ 問題を出して、それに答えさせる遊び。　（　　）

⑧ 自然を楽しみながら山などを歩くこと。　（　　）

⑨ 仕事や勉強の疲れをとるために行う運動や遊びのこと。　（　　）

⑩ ある物事に非常に熱中している人。　（　　）

⑪ 長く人々に親しまれている古典的な音楽。
ベートーベン、モーツァルトなど。　（　　）

4. 例文で覚えよう

※ 右のカタカナ語が（　　）に入ります。
Put the katakana terms at the right in the ( )s and remember the example sentence.

1	彼は絵も描き、小説も書く（　　）だ。	artist ／艺术家／아티스트／ nghệ sĩ	アーチスト／アーティスト
2	彼は（　　）に関心があり、よく美術館に行くそうだ。	art ／艺术／아트／ nghệ thuật	アート
3	スキーやキャンプなど（　　）のレジャーが好きです。	outdoors ／户外／아웃도어／ ngoài trời	アウトドア
4	日本では子供からお年寄りまで（　　）を楽しむ人が多い。	animation ／动漫／애니메이션／ hoạt hình	アニメーション／アニメ

#	問題文	訳	カタカナ
5	商品説明に（　　）を入れると効果的です。	illustration ／插图／일러스트／ tranh vẽ	イラスト
6	ジョギングは大変だけど、（　　）は続けられそうだ。	walking ／走步／워킹／ đi bộ	ウォーキング
7	彼女は（　　）でバイオリンを弾いています。	orchestra ／管弦乐／오케스트라／ dàn nhạc giao hưởng	オーケストラ
8	彼女は（　　）歌手をめざして、歌の練習を続けている。	opera ／歌剧／오페라／ nhạc kịch	オペラ
9	日本では 1964 年に、初めて（　　）が行われた。	Olympics ／奥林匹克／올림픽／ thế vận hội	オリンピック
10	旅行に行くときは、必ず新しい（　　）を買っていきます。	guide book ／导游指南／가이드 북／ sách hướng dẫn	ガイドブック
11	最近は、何も道具を持っていかなくても（　　）ができるところがあるらしい。	camp ／野营／캠프／ cắm trại	キャンプ
12	（　　）番組を見ながら答えを考えるのが好きです。	quiz ／智利测验／퀴즈／ câu đố	クイズ
13	（　　）音楽ではモーツァルトが好きです。	classical ／古典／클래식／ nhạc cổ điển	クラシック
14	このサッカーチームの（　　）は、応援するときによく歌を歌う。	supporter; fan ／啦啦队／서포터／ người hâm mộ của một đội bóng đá nào đó	サポーター
15	運動不足にならないように、週に 2 回は（　　）に行くようにしています。	gym ／健身房／헬스장／ gym, thể dục thể hình	ジム ／スポーツジム
16	アメリカ南部の都市から生まれた（　　）は、今では世界の音楽になった。	jazz ／爵士乐／재즈／ nhạc jazz	ジャズ
17	毎朝（　　）をしてから仕事に行きます。	jogging ／跑步／조깅／ chạy bộ	ジョギング（する）
18	今度、高橋選手は世界を（　　）めざして試合に出る。	champion ／冠军／챔피언／ người vô địch	チャンピオン
19	テレビ番組では、海外（　　）をよく見ます。	drama ／电视剧／드라마／ phim truyện hình	ドラマ
20	（　　）に行くときは、脱いだり着たりしやすい服がいいよ。	hiking ／郊游／하이킹／ leo núi	ハイキング
21	この（　　）のメンバーは 5 人です。	band ／乐团／밴드／ ban nhạc	バンド
22	試合後、選手たちは（　　）に向かって手を振った。	fan ／粉丝／팬／ người hâm mộ	ファン
23	今日の鈴木選手の（　　）はすばらしかった。	play ／游戏、比赛／플레이／ phong cách chơi	プレー ／ プレイ
24	コンサートの（　　）は有料の場合もあります。	program ／节目、程序／프로그램／ chương trình	プログラム
25	最近はめずらしい動物を（　　）にする人もいる。	pet ／宠物／애완동물／ thú cưng	ペット
26	彼はあちこちに電車の写真を撮りに行く鉄道（　　）だ。	maniac; obsessive ／爱好者／마니아／ người hâm mộ cuồng nhiệt	マニア
27	（　　）大会に出るので、今、毎日走っています。	marathon ／马拉松／마라톤／ maraton	マラソン
28	この曲の（　　）はとても美しくて、聞くと涙が出ます。	melody ／旋律／멜로디／ giai điệu	メロディー
29	（　　）をすると、体も心もすっきりする気がします。	yoga ／瑜伽／요가／ yoga	ヨガ

30 音楽は、やっぱり（　　）で聴くと感動します。	live performance ／直播、现场表演／라이브／buổi hoà nhạc	ライブ
31 父とは生活の（　　）が違うので、食事も別になることが多いです。	rhythm ／节奏／리듬／nhịp điệu	リズム
32 彼は来月行われる自転車の（　　）に出るそうです。	race ／比赛／레이스／cuộc đua	レース
33 研修では（　　）の時間もあり、ハイキングをします。	recreation ／娱乐活动／레크리에이션／giải trí	レクリエーション
34 私はジャズも（　　）も好きです。	rock ／摇滚乐／록／nhạc rock	ロック

5.　正しく覚えたか、チェックしよう

a、b のうち、正しいほうに〇をつけてください。
Mark the correct answer(s) with a 〇.

① ここにわかりやすい（ a. オペラ　b. イラスト ）を描いてください。

② 休みは、山に行って（ a. キャンプ　b. オリンピック ）をする予定です。

③ 子どもの頃から（ a. ヨガ　b. クラシック ）をよく聴いています。

④ 明日の試合は必ず勝って、（ a. マニア　b. チャンピオン ）になります。

⑤ この国の音楽は（ a. リズム　b. ハイキング ）に特徴がある。

⑥ この体育館には、プールや筋肉トレーニング用の（ a. ジム　b. ジャズ ）などがある。

⑦ 会社では年に2〜3回、（ a. レクリエーション　b. サポーター ）のための行事がある。

⑧ 彼女は（ a. アニメーション　b. アーティスト ）として、アメリカで長年活動している。

⑨ （ a. ウォーキング　b. マラソン ）は、お年寄りにもできる運動として、人気があります。

⑩ （ a. ロック　b. ペット ）を家族の一員と考える人が増えている。

⑪ 旅行の（ a. プログラム　b. ガイドブック ）を買わずに、スマホの情報で済ませる人も多いようだ。

⑫ うちに帰って、テレビで（ a. ドラマ　b. メロディー ）を見るときが、一番ほっとする時間です。

⑬ 一年の終わりに、（ a. オーケストラ　b. レース ）でベートーベンを聴くことにしています。

⑭ あのバンドの（ a. ジョギング　b. ライブ ）に行ったことがあるが、演奏が本当にうまかった。

8

心と体

こころ　　からだ

Mind and body
心情和身体
마음과 몸
Tinh thần và cơ thể

1. イメージで覚えよう

おぼ

絵に合う語を下のa～eから一つ選んで、（　　）に書いてください。
え　あ　ご　した　　　　　　ひと　えら　　　　　　　　　　か

Choose one term that matches the image from a-e.

a. ビタミン	b. アレルギー	c. ダイエット	d. ストレス	e. レントゲン

① （　　　　　）　　　　　② （　　　　　）　　　　　③ （　　　　　）

④ （　　　　　）　　　　　⑤ （　　　　　）

2. 似た意味のことばで覚えよう

左と右の意味が同じか、最も近い言葉を線で結んでください。
Use lines to connect items with identical meanings or the most similar meanings.

例　テスト　————————　試験

① クリニック　・　　　　　・　a. 教科書

② アイディア　・　　　　　・　b. 新しい考え、案

③ カルチャー　・　　　　　・　c. 話題

④ テキスト　・　　　　　・　d. 文化

⑤ トピック　・　　　　　・　e. 健康的

⑥ ヘルシー　・　　　　　・　f. 医院

3. 意味で覚えよう

説明に合う語を下の a ～ j から一つ選んで、（　　）に書いてください。
Chose the term from a-j that best matches the explanation.

a. ウイルス	b. アクセント	c. リラックス	d. インフルエンザ	e. カロリー
f. プロセス	g. カルシウム	h. トラブル	i. ヒント	j. イメージ

① 病気のもとになる非常に小さいもの。（　　　）

② 起きた問題、困ったことや故障。（　　　）

③ それがどんなものか、心の中で描かれるもの。印象。（　　　）

④ ウイルスによってたくさんの人がかかる重い風邪。（　　　）

⑤ 歯や骨の元になる主なもの。牛乳などに多く含まれる。（　　　）

⑥ 食べ物の熱量を表す単位。（　　　）

⑦ 一つの言葉を言うときの音の高低。たとえば、「月」なら、「つ き」。（　　　）

⑧ 答えや考えが出やすくなるように示されたもの。（　　　）

⑨ 仕事などを進める方法。手順。（　　　）

⑩ 緊張がなく、楽な気持ちになっていること。（　　　）

8

4. 例文で覚えよう　※右のカタカナ語が（　　）に入ります。
Put the katakana terms at the right in the (　)s and remember the example sentence.

#	例文	訳	カタカナ語
1	ずっと考えているが、いい（　　）が出てこない。	idea／主意／아이디어／ý tưởng	アイデ（ィ）ア
2	この言葉はどこに（　　）がありますか。	accent／重音、重点／악센트／trọng âm	アクセント
3	彼は卵（　　）なので、このお菓子は食べられない。	allergy／过敏／알레르기／dị ứng	アレルギー
4	今日のファッションは、いつもの（　　）と違うね。	image; impression／想象／이미지／hình ảnh	イメージ
5	（　　）にかからないように、注射をしておいた。	influenza／流感／인플루엔자／cảm cúm	インフルエンザ
6	かぜの（　　）が体に入らないように、よく手を洗ってください。	virus／细菌／바이러스／vi rút	ウイルス／ウィルス
7	新入生への授業の（　　）は9時から行われます。	guidance／说明会／가이던스／hướng dẫn	ガイダンス
8	牛乳には（　　）がたくさん含まれている。	calcium／钙／칼슘／canxi	カルシウム
9	文化の違いによって受けるショックを（　　）ショックと言います。	culture／文化／컬처／văn hoá	カルチャー
10	（　　）の高い食品を食べすぎないようにしましょう。	calories／热量／칼로리／calo	カロリー
11	風邪をひいたので、近所の（　　）に行った。	clinic／诊所／클리닉／trạm y tế	クリニック
12	日本語会話の（　　）は、来週の月曜日から始まります。	course／课程／코스／khoá học	コース
13	飼っていた犬が急に死んでしまい、家族はみな（　　）を受けた。	shock／精神打击／쇼크／sốc	ショック
14	彼女は仕事の（　　）が原因で、病気になった。	stress／压力／스트레스／stress, xì trét	ストレス
15	コンピューターをウイルスから守るために、（　　）をしっかりしたほうがいい。	security／防犯／보안／bảo vệ an toàn	セキュリティ（ー）
16	急に（　　）をすると、体によくないらしいよ。	diet／减肥／다이어트／giảm cân	ダイエット（する）
17	この講座の（　　）はネットでも買うことができます。	text／教科书／교재／sách giáo khoa	テキスト
18	今日の講演会の（　　）は何ですか。	topic／题目／토픽／để tài	トピック
19	音がうるさいと言われ、隣の家の人と（　　）になった。	trouble／发生冲突／트러블／sự cố, rắc rối	トラブル
20	（　　）Cを取りたかったら、くだものを食べるといい。	vitamin／维生素／비타민／vitamin	ビタミン
21	この問題、全然わかりません。何か（　　）をください。	hint／提示／힌트／gợi ý	ヒント
22	結果も大切だけど、そこまでの（　　）も大切だ。	process／过程／과정／quá trình	プロセス
23	このジュースは野菜とくだものから作った（　　）なジュースです。	healthy／健康（的）／헬시（한）／tốt cho sức khoẻ	ヘルシー（な）

24	温泉に入って（　　　）したいなあ。	relax／放松／릴랙스／thư giãn	リラックス(する)
25	（　　　）検査で骨が折れていることがわかった。	X-ray／X光／엑스레이／X-quang	レントゲン

5. 正しく覚えたか、チェックしよう

a、bのうち、正しいほうに〇をつけてください。

Mark the correct answer(s) with a ○ .

① 明日の会議の（ a. アクセント　b. トピック ）は売り上げの減少です。

② 最近は、客に（ a. アレルギー　b. レントゲン ）のある食品を聞いて、それを使わないようにしてくれるレストランもある。

③ この新商品は、若い社員の（ a. ウイルス　b. アイデア ）から生まれた。

④ あの人が私の悪口を言っていると知って、（ a. トラブル　b. ショック ）を受けた。

⑤ なぜ、中止することになったのか、会議の（ a. プロセス　b. テキスト ）を教えてください。

⑥ 仕事がうまくいかないときに（ a. ストレス　b. イメージ ）を感じない人はいないだろう。

⑦ （ a. カルシウム　b. ヘルシー ）が足りないと、骨が折れやすくなるそうです。

⑧ ちょっと太りすぎなので、医者に（ a. カロリー　b. ダイエット ）するように言われてしまった。

⑨ 風邪をひかないように（ a. インフルエンザ　b. ビタミン ）を十分とったほうがいい。

⑩ ここの風景が、彼の新しい作品の（ a. ヒント　b. カルチャー ）になったそうだ。

⑪ 音楽を聴くことが、私にとって一番（ a. クリニック　b. リラックス ）できる方法です。

⑫ 新しい日本語コースの（ a. ガイダンス　b. セキュリティー ）があったので、説明会に出た。

仕事・商品
しごと　　しょうひん

Job, products
工作、商品
일 · 상품
Công việc, sản phẩm

1. イメージで覚えよう
おぼ

絵に合う語を下の a〜h から一つ選んで、（　　）に書いてください。
え　あ　ご　した　　　　　　　ひと　えら　　　　　　　　　　　か

Choose one term that matches the image from a-h.

a. カタログ	b. セール	c. チラシ	d. バッテリー
e. パンフレット	f. ポスター	g. ラベル	h. レシート

①  （　　　　　）　　　②  （　　　　　）　　　③ （　　　　　）

④ 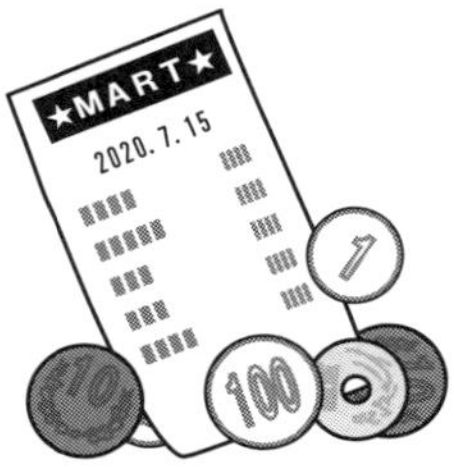 （　　　　　）　　　⑤ （　　　　　）

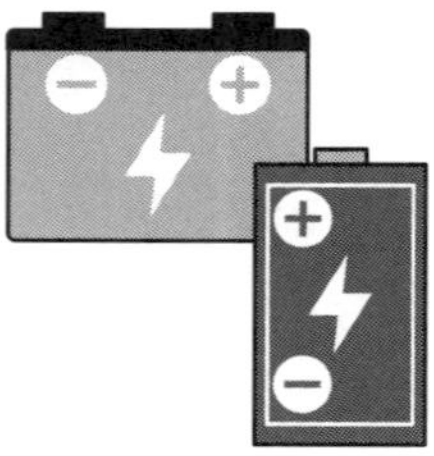

⑥  （　　　　　）　　　⑦  （　　　　　）　　　⑧ （　　　　　）

2. 似た意味のことばで覚えよう
（にた いみ の ことば で おぼえよう）

左と右の意味が同じか、最も近い言葉を線で結んでください。
（ひだり みぎ いみ おな もっと ちか ことば せん むす）
Use lines to connect items with identical meanings or the most similar meanings.

例（れい）　テスト　——————————————　試験（しけん）

① サンプル　・　　　　　　　　　　　・ a. セール

② オフィス　・　　　　　　　　　　　・ b. 見本（みほん）

③ コスト　　・　　　　　　　　　　　・ c. 仕事、商売（しごと しょうばい）

④ バーゲン　・　　　　　　　　　　　・ d. 会社（かいしゃ）

⑤ ビジネス　・　　　　　　　　　　　・ e. 費用（ひよう）

3. 意味で覚えよう
（いみ おぼえよう）

説明に合う語を下の a ～ h から一つ選んで、（　　　）に書いてください。
（せつめい あ ご した ひと えら か）
Chose the term from a-h that best matches the explanation.

| a. ユーザー | b. コマーシャル | c. レンタル | d. メーカー |
| e. マニュアル | f. キャンペーン | g. ボーナス | h. デザイン |

① ラジオやテレビで、番組の途中などでする宣伝。（　　　）
（ばんぐみ とちゅう せんでん）

② その商品やサービスを使う人。（　　　）
（しょうひん つか ひと）

③ 形や模様などのアイディア。（　　　）
（かたち もよう）

④ 使い方の説明を書いたもの。（　　　）
（つか かた せつめい か）

⑤ 製品を作る会社。（　　　）
（せいひん つく かいしゃ）

⑥ いつもの給料以外にもらう特別な給料。（　　　）
（きゅうりょう いがい とくべつ きゅうりょう）

⑦ 有料で一時的に物を貸すこと。（　　　）
（ゆうりょう いちじてき もの か）

⑧ ある期間に計画的に行われる宣伝活動。（　　　）
（きかん けいかくてき おこな せんでんかつどう）

4. 例文で覚えよう
※ 右のカタカナ語が（　　）に入ります。
Put the katakana terms at the right in the (　)s and remember the example sentence.

1	東京駅の近くにはたくさんの（　　）がある。	office／办公室／오피스／văn phòng	オフィス
2	これは、今発売中のパソコンの（　　）です。	catalog／商品目录／카탈로그／ca-ta-lô	カタログ
3	ただいま入会（　　）中ですので、新しく入会された方には 1000 ポイントプレゼントいたします。	campaign／宣传活动／캠페인／khuyến mãi	キャンペーン
4	少しでも（　　）を下げて、利益が出るようにしましょう。	cost／成本／코스트／kinh phí	コスト
5	この薬は、テレビの（　　）で見たことがあります。	commercial／电视广告／광고／quảng cáo	コマーシャル
6	買うかどうかは、（　　）を見てから決めたい。	sample／样品／샘플／mẫu, sample	サンプル
7	いま A デパートで（　　）やってるんだけど、行かない？	sale／减价促销／세일／giảm giá	セール
8	（　　）を見て、なるべく安い店で買うようにしています。	flyer／广告传单／전단지／tờ quảng cáo	チラシ
9	このシャツは色も（　　）もいいと思う。	design／设计／디자인／thiết kế	デザイン(する)
10	今買わないで、（　　）のときに買ったほうがいいよ。	bargain; sale／大减价／바겐세일／giảm giá	バーゲン
11	まずいなあ。スマホの（　　）が切れそう。	battery／电池／배터리／pin	バッテリー
12	旅行会社でもらった（　　）を見ながら、どこに行くか、考えようか。	pamphlet／小册子／팜플릿／tờ hướng dẫn, tờ quảng cáo	パンフレット
13	この本は（　　）で成功したい人を対象に書かれている。	business／做生意／비지니스／thương mai, kinh doanh	ビジネス
14	彼女は家が金持ちだから、服もカバンも（　　）品ですよ。	brand／牌子／브랜드／thương hiệu	ブランド
15	冬の（　　）が出たら、新しいパソコンを買うつもりです。	bonus／奖金／보너스／tiền thưởng	ボーナス
16	駅には、いろいろな宣伝の（　　）が貼ってある。	poster／海报／포스터／áp phích	ポスター
17	私は、使い方がわからなくなったら、すぐ（　　）を読みます。	manual／说明书／매뉴얼／sách hướng dẫn	マニュアル
18	故障かなと思ったら、（　　）に直接問い合わせるといい。	manufacturer／厂家／제조 업체／nhà sản xuất	メーカー
19	海外の（　　）からも、製品の使い方についての質問が来ます。	user／使用者／사용자／người dùng	ユーザー
20	作ったジャムの中身がわかるように（　　）をはった。	label／标牌／라벨／nhãn dán	ラベル
21	カードでいくら使ったか、（　　）で確かめた。	receipt／收据／영수증／biên lai	レシート
22	あまり使わなくて高いものは、買わずに（　　）することにしていいる。	rental／租借／렌탈／thuê	レンタル(する)

5. 正しく覚えたか、チェックしよう

◆ a、b のうち、正しいほうに○をつけてください。
Mark the correct answer(s) with a ○.

① （ a. ボーナス　b. バーゲン ）が出たら、新しいパソコンを買うつもりです。

② 大学祭の（ a. カタログ　b. ポスター ）を駅にはらせてもらった。

③ ただいま（ a. キャンペーン　b. マニュアル ）中ですので、お値段がお安くなっております。

④ （ a. ユーザー　b. ラベル ）を見れば、何年に作られたワインか、わかります。

⑤ 商品を返品するには、（ a. サンプル　b. レシート ）が必要です。

⑥ こっちの（ a. オフィス　b. パンフレット ）にもっと詳しい情報が載っている。

⑦ これ以上（ a. コスト　b. セール ）を下げるのは難しい。

⑧ このチョコは最近テレビの（ a. コマーシャル　b. メーカー ）でよく見ますね。

⑨ この雑誌は表紙の（ a. ブランド　b. デザイン ）がいいね。

⑩ 結婚式に呼ばれたときは、ドレスはいつも（ a. レンタル　b. チラシ ）しています。

⑪ このカバンは、（ a. ビジネス　b. バッテリー ）用としてはちょっと派手かもしれません。

職業・組織
しょくぎょう　そしき

Occupation, organization
职业、组织
직업 · 조직
Nghề nghiệp, tổ chức

1. イメージで覚えよう
おぼ

絵に合う語を下の a〜d から一つ選んで、（　　）に書いてください。
え　あ　ご　した　　　　ひと　えら　　　　　　　か
Choose one term that matches the image from a-d.

a. アナウンサー	b. エンジニア	c. パイロット	d. サラリーマン

① （　　　　　）

② （　　　　　）

③ （　　　　　）

④ （　　　　　）

2. 似た意味のことばで覚えよう

左と右の意味が同じか、最も近い言葉を線で結んでください。
Use lines to connect items with identical meanings or the most similar meanings.

例 テスト ●————————————● 試験

① ルール ・　　　　　・ a. 客

② ライバル ・　　　　　・ b. 気持ちや考え、情報を相手に伝えること

③ ゲスト ・　　　　　・ c. 競争する相手

④ コミュニケーション ・　　　　　・ d. 規則

⑤ プロ ・　　　　　・ e. 専門家

⑥ アマチュア ・　　　　　・ f. 国際的

⑦ インターナショナル ・　　　　　・ g. プロではない人

3. 意味で覚えよう

説明に合う語を下の a ～ g から一つ選んで、（　　）に書いてください。
Chose the term from a-g that best matches the explanation.

a. コーチ	b. ベテラン	c. チームワーク	d. デザイナー
e. スター	f. メンバー	g. アシスタント	

① 仕事を手伝う人。（　　　）

② 同じ目標に向かって仲間が協力し合うこと。（　　　）

③ あることについて経験が長く、上手な人。（　　　）

④ グループの中の人。（　　　）

⑤ （主にスポーツで）技術などを教える人。（　　　）

⑥ デザインの仕事をする人。（　　　）

⑦ 人気のある選手や俳優、歌手など。（　　　）

4. 例文で覚えよう

※ 右のカタカナ語が（　　）に入ります。
Put the katakana terms at the right in the (　)s and remember the example sentence.

16

1　美容院で（　　　）をしています。 | assistant ／助手／어시스턴트 ／ trợ lí | **アシスタント**

2　（　　　）はのどをケアしなければならない。 | announcer ／播音员／아나운서／ phát thanh viên | **アナウンサー**

3　（　　　）が描いた絵ですが、とても上手です。 | amateur ／业余者／아마추어 ／ nghiệp dư | **アマチュア**

4　仕事は、ダンスの（　　　）です。 | instructor ／教练／강사／ huấn luyện viên | **インストラクター**

5　この学校は、各国の留学生がいて、（　　　）ですね。 | international ／国际化／국제 적／ quốc tế | **インターナショナル**

6　将来は、（　　　）になって車を作りたい。 | engineer ／工程师／엔지니어 ／ kĩ sư | **エンジニア**

7　新しいチームの（　　　）に森さんが選ばれた。 | captain ／队长／주장／ người dẫn đầu, đội trưởng | **キャプテン**

8　番組では、毎回二人の（　　　）を呼びます。 | guest ／嘉宾／게스트／ khách mời | **ゲスト**

9　（　　　）は練習では厳しいが、普段は優しい。 | coach ／教练／코치／ huấn luyện viên | **コーチ**

10　親子の間でちゃんと（　　　）がとれていますか。 | communication ／交流／커뮤 니케이션／ giao tiếp | **コミュニケーション**

11　（　　　）というと、背広にネクタイのイメージです。 | salary man ／工薪族／샐러리 맨／ người làm công ăn lương | **サラリーマン**

12　あんなに近くで（　　　）を見たのは初めてで、びっくりしました。 | star ／明星／스타／ ngôi sao | **スター**

13　お店の（　　　）は全部で5人です。 | staff ／员工／스탭／ nhân viên | **スタッフ**

14　来週、（　　　）の発表があるから、準備で忙しい。 | seminar ／课堂讨论／세미나 ／ buổi học dạng thảo luận | **ゼミ**

15　この病院は、医師と看護師の（　　　）がいい。 | teamwork ／配合、合作／팀 워크／ sự hợp tác giữa các thành viên trong nhóm | **チームワーク**

16　この指輪は有名な（　　　）が作ったものだそうです。 | designer ／设计者／디자이너 ／ nhà thiết kế | **デザイナー**

17　週に3日、（　　　）で仕事をしています。 | part-time ／小时工／파트타임 ／ làm việc bán thời gian | **パート**

18　将来は（　　　）になって大空を飛びたい。 | pilot ／飞行员／파일럿／ phi công | **パイロット**

19　ゴルフは好きだけど、（　　　）になるつもりはない。 | professional ／专业者／프로 ／ chuyên nghiệp | **プロ**

20　彼は、20年小学校で教えてきた（　　　）の教師です。 | veteran ／老手／베테랑／ người kì cựu | **ベテラン**

21　バンドの（　　　）が足りないから、友達を誘った。 | member ／成员／멤버／ thành viên | **メンバー**

22　車の新しい（　　　）が発表された。 | model ／模特儿／모델／ mẫu | **モデル**

23	彼は友達でもあるが、テニスの（　　）でもある。	rival ／対手／라이벌／ đối thủ	**ライバル**
24	彼女はダンスチームの（　　）です。	leader ／領导／리더／ người dẫn đầu	**リーダー**
25	交通（　　）は必ず守りましょう。	rules ／規則、原則／룰／ quy tắc	**ルール**

5. 正しく覚えたか、チェックしよう

▨ a、b のうち、正しいほうに〇をつけてください。

Mark the correct answer(s) with a 〇.

① 彼は、夏は登山ガイド、冬はスキーの（ a. スター　b. インストラクター ）をしている。

② Ａ大学が勝ったのは（ a. キャプテン　b. サラリーマン ）がいいからだ。

③ 店の（ a. スタッフ　b. アマチュア ）は、全員アルバイトです。

④ どの（ a. モデル　b. ゼミ ）に入ろうか、まだ決めていない。

⑤ 小さい子どもがいて、一日は働けないので、（ a. ルール　b. パート ）の仕事を探します。

⑥ 私はこのニュース番組の女性（ a. ライバル　b. アナウンサー ）の声が好きです。

⑦ このソファーの（ a. デザイナー　b. ベテラン ）は、イタリア人だそうです。

⑧ 昨日、ゼミの（ a. メンバー　b. リーダー ）全員でカラオケに行った。

⑨ 今は（ a. インターナショナル　b. アシスタント ）ですが、将来は自分の店を持ちたいです。

⑩ （ a. コーチ　b. エンジニア ）の誕生日を選手全員で祝った。

⑪ 彼は経験 20 年のベテラン（ a. パイロット　b. コミュニケーション ）です。

⑫ 実験が成功したのは、彼らの（ a. チームワーク　b. バリアフリー ）がよかったからだ。

⑬ 結婚式の写真は、やはり（ a. ゲスト　b. プロ ）に頼んだほうがいい。

数量・単位
すうりょう　たんい

Quantity, unit
数量、単位
수량・단위
Số lượng, đơn vị

1. イメージで覚えよう
おぼ

絵に合う語を下のa〜dから一つ選んで、（　　）に書いてください。
え　あ　ご　した　　　　　　ひと　えら　　　　　　　か
Choose one term that matches the image from a-d.

a. シングル	b. ダブル	c. ツイン	d. ユーロ

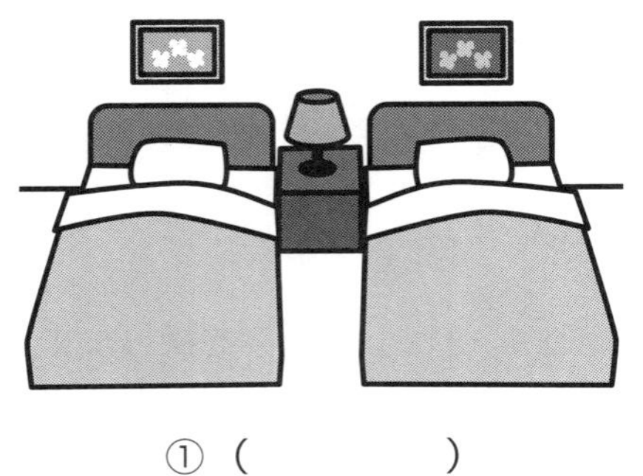

① （　　　　　）

② （　　　　　）

③ （　　　　　）

④ （　　　　　）

2. 似た意味のことばで覚えよう
に　た　い　み　　　　　　　　　　おぼ

■ 左と右の意味が同じか、最も近い言葉を線で結んでください。
ひだり　みぎ　い　み　おな　　　　もっと　ちか　ことば　せん　　むす
Use lines to connect items with identical meanings or the most similar meanings.

例 テスト ——————————— 試験
れい　　　　　　　　　　　　　　　　　　　　　　しけん

① トン ・　　　　　　　　・ a. ％

② パーセント ・　　　　　　・ b. 小さいこと
　　　　　　　　　　　　　　　　　　ちい

③ プラス ・　　　　　　　　・ c. 半分
　　　　　　　　　　　　　　　　　　はんぶん

④ マイナス ・　　　　　　　・ d. 速さ
　　　　　　　　　　　　　　　　　　はや

⑤ ドリル ・　　　　　　　　・ e. 練習
　　　　　　　　　　　　　　　　　　れんしゅう

⑥ ミニ ・　　　　　　　　　・ f. t

⑦ ペース ・　　　　　　　　・ g. －

⑧ ハーフ ・　　　　　　　　・ h. ＋

3. 意味で覚えよう
い　み　　　おぼ

■ 説明に合う語を下の a～e から一つ選んで、（　　　）に書いてください。
せつめい　あ　　ご　した　　　　　　　　ひと　えら　　　　　　　　　　　　　か
Chose the term from a-e that best matches the explanation.

a. レベル	b. パック	c. タイトル	d. テーマ	e. セット

① 本や論文の中で中心になっている内容。（　　　）
ほん　ろんぶん　なか　ちゅうしん　　　　　　　　　ないよう

② いろいろなものを一つに組み合わせたもの。（　　　）
ひと　　　く　あ

③ 卵や牛乳、肉などの商品の入れ物。（　　　）
たまご　ぎゅうにゅう　にく　　　しょうひん　い　もの

④ 能力や内容の良さなどの程度。（　　　）
のうりょく　ないよう　よ　　　　　ていど

⑤ 本や論文の名前。（　　　）
ほん　ろんぶん　なまえ

4. 例文で覚えよう
※ 右のカタカナ語が（　　）に入ります。
Put the katakana terms at the right in the (　)s and remember the example sentence.

1	一人用のベッドは（　　）ベッドといいます。	single ／単人／싱글／ đơn	**シングル**
2	ハンカチの3枚（　　）をプレゼントした。	set ／一套／세트／ bộ, set	**セット**［単位］
3	本の内容は覚えているが（　　）を忘れた。	title ／书名、标题／타이틀／ tiêu đề, tên	**タイトル**
4	二人用のベッドは（　　）ベッドといいます。	double ／双人／더블／ đôi	**ダブル**
5	シングルベッドが二つある部屋は（　　）です。	twin ／双人房间／트윈／ twin (phòng có 2 giường đơn)	**ツイン**
6	論文の（　　）を何にするか、考えている。	theme ／题目／테마／ chủ đề	**テーマ**
7	漢字は毎日（　　）をして覚えた。	drill ／练习题／학습지／ bài tập	**ドリル**
8	船の大きさは（　　）で表します。	ton ／吨／톤／ tấn	**トン**
9	（　　）マラソンは、マラソンの半分の 21.0975 キロメートルです。	half ／一半／하프／ nửa	**ハーフ**
10	卵は 1（　　）だいたい 10 個です。	pack; package ／盒／팩／ hộp	**パック**
11	1000 の 10（　　）は 100 です。	percent ／百分之／퍼센트／ phần trăm	**パーセント**
12	100（　　）900 は 1000 です。	plus ／加／플러스／ cộng	**プラス**（する）
13	今の（　　）だと、この仕事は今日終わらない。	pace ／步伐／페이스／ tốc độ	**ペース**
14	デパートの（　　）が 1500 円分たまった。	point(s) ／积分、点／포인트／ điểm	**ポイント**［点数］
15	北海道の冬の最低気温は（　　）20 度です。	minus; negative ／负面、零下／마이너스／ âm, trừ	**マイナス**（する）
16	兄は子どもの頃、（　　）カーを集めていました。	miniature ／微小／미니／ nhỏ	**ミニ**
17	ヨーロッパ 19 カ国で（　　）が使われている。	Euro ／欧元／유로／ đồng tiền Euro	**ユーロ**
18	日本の野球の（　　）はかなり高い。	level ／水平／레벨／ trình độ	**レベル**

5. 正しく覚えたか、チェックしよう

■ a、b のうち、正しいほうに〇をつけてください。
Mark the correct answer(s) with a 〇.

① M大学のサッカー部の （ a. レベル　b. シングル ） はとても高い。

② （ a. ユーロ　b. テーマ ） は 2002 年から世界で使われるようになった。

③ お母さんの若い頃の写真を見たら、（ a. プラス　b. ミニ ） スカートをはいていた。

④ 服を着て体重を測るときは、1 キロ （ a. ポイント　b. マイナス ） します。

⑤ いろいろな店の （ a. ツイン　b. ポイント ） カードが増えて、財布に入らなくなった。

⑥ 選手は、スタートからゴールまで同じ （ a. ペース　b. ハーフ ） で泳いだ。

⑦ 肉料理に野菜サラダを （ a. ドリル　b. プラス ） すれば、さらに体にいいです。

⑧ この本の （ a. ダブル　b. タイトル ） は『カタカナ語スピードマスター』です。

⑨ 結婚のお祝いに、ナイフとフォークの （ a. セット　b. パーセント ） をもらった。

⑩ 牛乳の （ a. トン　b. パック ） は、紙の資源になります。

色・形・状態 （1）
（いろ）（かたち）（じょうたい）

Color, form, state (1)
顔色、形状、状態(1)
색깔・모양・상태(1)
Màu sắc, hình dáng, trạng thái (1)

1. イメージで覚えよう
（おぼ）

絵に合う語を下のa〜eから一つ選んで、（　　）に書いてください。
（え）（あ）（ご）（した）　　　　　（ひと）（えら）　　　　　　　　　　（か）
Choose one term that matches the image from a-e.

a. カプセル	b. カップル	c. エラー	d. ダウン	e. アップ

① （　　　　　）　　　　　② （　　　　　）

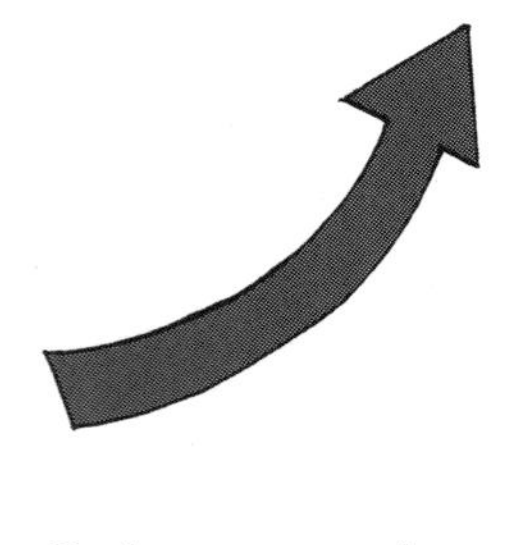

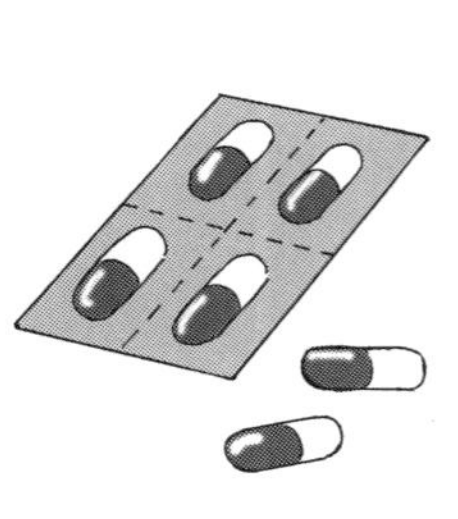

③ （　　　　　）

④ （　　　　　）

⑤ （　　　　　）

2. 似た意味のことばで覚えよう

左と右の意味が同じか、最も近い言葉を線で結んでください。
Use lines to connect items with identical meanings or the most similar meanings.

例 テスト ———————————— 試験

① ソフトな ・ ・ a. 固い、難しい

② ハードな ・ ・ b. 灰色（の）

③ シンプルな ・ ・ c. 体が細い

④ ベストな／の ・ ・ d. 特別な

⑤ ストレートな ・ ・ e. 簡単な、単純な

⑥ スペシャルな ・ ・ f. まっすぐな

⑦ スリムな／スマートな ・ ・ g. 一番いい

⑧ グレー ・ ・ h. やわらかい

3. 意味で覚えよう

説明に合う語を下のa〜gから一つ選んで、（　　）に書いてください。
Chose the term from a-g that best matches the explanation.

| a. ギャップ | b. オン | c. オフ | d. センス |
| e. スムーズ | f. オリジナル | g. クール | |

① 基本は「冷たい、涼しい」という意味だが、「かっこいい、落ち着いた」という意味でも使われる。（　　）

② 差があること。違いがあること。差、違い。（　　）

③ コピーではなく、一番初めに作られたもの。（　　）

④ 物事が問題なく進む様子。（　　）

⑤ スイッチが入っている状態。または仕事をしている状態。（　　）

⑥ スイッチが切れている状態。または仕事をしていない状態。（　　）

⑦ 大切なポイントや美しさを見つける才能。「＿＿がいい」「＿＿がある」などの形で使う。（　　）

4. 例文で覚えよう
れいぶん　　おぼ

※ 右のカタカナ語が（　　　）に入ります。
みぎ　　　　　　　　　　　　　　　　　　　　ご　　　　はい
Put the katakana terms at the right in the (　)s and remember the example sentence.

18 1	会社の売り上げが伸びて、社員の給料も（　　　）した。	up; increase ／増加／업／ tăng lên — **アップ**（する）
2	印刷をしたいが、何度やっても（　　　）になる。	error ／错误／에러／ lỗi — **エラー**
3	駅前に新しいラーメン屋が（　　　）した。	(to) open ／开、开门／오픈（하다）／ mở cửa — **オープン**（する）
4	（　　　）の日はどんなことをして過ごしていますか。	off ／关、关门／오프／ tắt, giải giá — **オフ**
5	（　　　）の商品を開発しないと、他社に勝てない。	original ／原有／오리지널／ nguyên bản — **オリジナル**（な、の）
6	なんだ、マイクが（　　　）になってないじゃない！	on ／打开／온／ bật — **オン**
7	この店は、（　　　）だと 10%引きになるそうだよ。	couple ／情侣／커플／ cặp đôi — **カップル**
8	朝と夜に、この青い（　　　）の薬を飲んでいます。	capsule ／胶囊／캡슐／ viên con nhộng — **カプセル**
9	この本は全部（　　　）でわかりやすいですね。	color ／彩色／컬러／ màu — **カラー**
10	この授業では、日本文化を理解するための 15 の（　　　）を紹介していきます。	keyword ／关键／키워드／ từ khoá — **キーワード**
11	彼と私は考え方に（　　　）があって、いつも意見がぶつかる。	gap ／反差／갭／ sự chênh lệch — **ギャップ**
12	どんな問題が起こっても、彼はいつも（　　　）に仕事を続けている。	cool ／很酷・冷静／쿨／ tuyệt , lạnh lùng — **クール**（な）
13	そのネクタイは、（　　　）のスーツによく合っています。	gray ／灰色／그레이／ màu xám — **グレー**
14	さまざまな（　　　）から、この問題について話し合った。	case; instance ／场合／케이스／ trường hợp — **ケース**［場合］
15	あまり難しく考えないで、（　　　）にやりましょう。	simple ／简单／심플／ đơn giản — **シンプル**（な）
16	ナイフとフォークはレストランの（　　　）です。	symbol ／象征／심벌／ tượng trưng — **シンボル**
17	彼は（　　　）に言いすぎる。もうちょっと相手のことを考えたほうがいい。	straight ／直接（的）／직설적（인）／ thẳng thắn — **ストレート**（な）
18	アルバイト代が入ったから、（　　　）ランチにします。	special ／特殊（的）、特別（的）／특별（한）／ đặc biệt — **スペシャル**（な）
19	彼女は（　　　）だから、何を着ても似合う。	smart ／智能（的）／스마트（한）／ cân đối — **スマート**（な）
20	社長がいろいろ意見を言ってくるから、物事が（　　　）に行かない。	smooth ／圆滑顺畅（的）／매끄럽다／ trôi chảy — **スムーズ**（な）
21	ダイエットをして 5 キロやせたから、ずいぶん（　　　）になったでしょ？	slim ／苗条（的）／슬림（한）／ gầy — **スリム**（な）
22	彼女は服の（　　　）がとてもいい。	sense; taste ／灵感／센스／ cảm giác, cảm nhận — **センス**

23	社長は、話し方は（　　）だけど、言っている内容は、けっこう厳しい。	soft; gentle ／柔軟／소프트／ mềm mại	**ソフト**（な）
24	あの歌手は、ぼくの好みの（　　）だ。	type ／类型／타입／ kiểu cách	**タイプ**
25	この2〜3年、会社の売り上げが悪く、社員の給料も（　　）している。	down; decrease ／下降／ 다운／ giảm đi	**ダウン**（する）
26	台風は、この地域の農業に大きな（　　）を与えた。	damage ／损害／손해／ tổn thương	**ダメージ**
27	試合まで（　　）な練習が続くが、がんばろう。	hard ／艰苦（的）／하드 （한）／ vất vả, khắc nghiệt	**ハード**（な）
28	事故が起こるときには、3つの（　　）があります。	pattern ／模式／패턴／ mô hình	**パターン**

5.　正しく覚えたか、チェックしよう

■ a、bのうち、正しいほうに〇をつけてください。
Mark the correct answer(s) with a ○.

① そんな姿を見られたら、イメージ（ a. ダウン　b. ダメージ ）になるから気をつけたほうがいい。

② 何度メールを送ろうとしても、（ a. カラー　b. エラー ）になるんです。

③ 仕事は少し（ a. ハード　b. アップ ）だけど、楽しいです。

④ 初めて会ったのに、（ a. スムーズに　b. パターンに ）話ができてよかった。

⑤ あの人と私は、考え方に（ a. オリジナル　b. ギャップ ）がある。

⑥ 内容を理解するために、文章の中から（ a. キーワード　b. ソフト ）を見つけ出しましょう。

⑦ 仕事が（ a. オン　b. オフ ）の日には、ゆっくり（ a. シンプル　b. カップル ）で映画を見に行きたい。

⑧ 最悪の（ a. カプセル　b. ケース ）を考えておいたほうがいい。

⑨ ほかの会社と同じではだめだ。もっと（ a. オリジナル　b. ギャップ ）の商品を開発しよう。

⑩ あの子は音楽の（ a. センス　b. タイプ ）があるから、すぐに上達しますよ。

⑪ 好きなら好きと、（ a. ストレート　b. センス ）に言えば？

⑫ もっと（ a. シンボル　b. シンプル ）な文が書けないの？

12
色・形・状態（1）

色・形・状態（2）
いろ・かたち・じょうたい

Color, form, state (2)
顔色、形状、状态(2)
색깔·모양·상태(2)
Màu sắc, hình dáng, trạng thái (2)

19

1. イメージで覚えよう
おぼ

絵に合う語を下の a 〜 c から一つ選んで、（　　）に書いてください。
え あ ご した　　　　　　ひと えら　　　　　　　　　　か
Choose one term that matches the image from a-c.

a. バランス	b. パニック	c. ペア

① （　　　　　）

② （　　　　　）

③ （　　　　　）

2. 似た意味のことばで覚えよう
に い み　　　　　　　おぼ

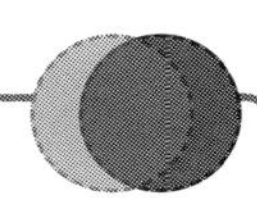

左と右の意味が同じか、最も近い言葉を線で結んでください。
ひだり みぎ い み おな　　　 もっと ちか ことば せん むす
Use lines to connect items with identical meanings or the most similar meanings.

例　テスト　　　　　————————————　　試験
れい　　　　　　　　　　　　　　　　　　　　　し けん

① フレッシュな　　　・　　　　　・ a. 個人の生活に関すること、個人的なこと
　　　　　　　　　　　　　　　　　　　こじん せいかつ かん　　　　　　こ じんてき

② プライバシー　　　・　　　　　・ b. 新しくて、まだ使われたり汚れたりしていない
　　　　　　　　　　　　　　　　　　　あたら　　　　　 つか　　　 よご

③ ベストセラー　　　・　　　　　・ c. 大切な点
　　　　　　　　　　　　　　　　　　　たいせつ てん

④ ポイント　　　　　・　　　　　・ d. ふんいき

⑤ ピンク　　　　　　・　　　　　・ e. 桃の花や桜の花の色
　　　　　　　　　　　　　　　　　　　もも はな さくら はな いろ

⑥ ムード　　　　　　・　　　　　・ f. 非常によく売れている本
　　　　　　　　　　　　　　　　　　　ひ じょう　　　 う　　　 ほん

⑦ ランキング　　　　・　　　　　・ g. 順位
　　　　　　　　　　　　　　　　　　　じゅん い

3. 意味で覚えよう

説明に合う語を下の a 〜 h から一つ選んで、（　　）に書いてください。
Chose the term from a-h that best matches the explanation.

a. ヒット	b. ピンチ	c. ダメージ	d. リッチ
e. ルーズ	f. フリー	g. ブーム	h. ユーモア

① お金がある様子。ぜいたくな様子。　（　　　）

② 人を楽しませる面白さやおかしさ。それを楽しむ心。「＿＿がある」の形でよく使う。
（　　　）

③ 急に注目されて大人気になること。「健康＿＿」「登山＿＿」のように使う。　（　　　）

④ ある部分が傷つくこと。「心が＿＿を受ける」のように使う。　（　　　）

⑤ 危ない状態のこと。「チャンス」の反対。　（　　　）

⑥ 商品などが人気を得たり、よく売れたりすること。　（　　　）

⑦ 時間やお金などについて、約束を守らない様子。　（　　　）

⑧ （1）会社やグループに入らず、一人で行動する状態。
（2）無料。　　　　　　　　　　　　　　　　（　　　）

13
色・形・状態 (2)

4. 例文で覚えよう

※ 右のカタカナ語が（　）に入ります。
Put the katakana terms at the right in the (　)s and remember the example sentence.

	例文	語義	カタカナ
1	事故が起こった時、人々は（　）にならず、落ち着いて行動した。	panic ／恐慌／패닉／ hoảng hốt	パニック
2	仕事とプライベートの（　）が大切だと思います。	balance ／平衡／밸런스／ cân đối	バランス
3	この商品は絶対（　）すると思う。	(to) hit ／大受欢迎／히트（하다）／ được đón nhận	ヒット（する）
4	その服には、赤より（　）の口紅のほうが合う。	pink ／粉色／핑크／ màu hồng	ピンク
5	（　）の時だからこそ、みんなで助け合おう。	predicament ／危机、困境／핀치／ khủng hoảng	ピンチ
6	最近、船の旅が（　）だそうだ。	boom ／流行／붐／ bùng nổ	ブーム
7	新しくアルバイトで入った人に、（　）については聞かないように言われた。	privacy ／隐私／프라이버시／ riêng tư, cá nhân	プライバシー
8	就職の面接に行ったら、（　）なことばかり聞かれて、いやだった。	private ／私人／프라이빗／ riêng tư, cá nhân	プライベート（な、の）
9	彼は去年まで新聞社に勤めていましたが、今は（　）の記者です。	freelance ／自由／프리／ tự do	フリー
10	今年も、（　）な新人が入ってきた。	fresh ／新鮮／프레시（한）／ tươi mới	フレッシュ（な）
11	このTシャツ、彼と（　）なの。	pair ／一对／쌍／ đôi	ペア
12	（　）な方法ではないが、これでやるしかない。	best ／最好／최선／ tốt nhất	ベスト（な、の）
13	この本は（　）なんだけど、全然面白くなかった。	bestseller ／最畅销的／베스트 셀러／ bán chạy	ベストセラー
14	社長の話はいつも長すぎる。もっと（　）を整理して話してほしい。	point(s); essentials ／要点／포인트（요점）／ trọng điểm	ポイント［要点］
15	彼女とロマンチックな映画を見た後は、とても良い（　）になった。	mood ／气氛／무드／ không khí	ムード
16	彼はとても（　）があって、いつも周りを笑わせてくれる。	humor ／幽默，风趣／유머／ hài hước	ユーモア
17	このラーメン屋は、人気（　）で2位の店だ。	ranking ／排行／랭킹／ thứ bậc	ランキング
18	どんなに良さそうな計画にも、必ず（　）がある。	risk ／风险／리스크／ nguy cơ	リスク
19	社長になって（　）な暮らしがしたいなあ。	rich ／豪华／리치／ giàu có, sang trọng	リッチ（な）
20	彼は借りたものを全然返さないから、（　）な男だと言われている。	loose ／松懈，散漫／루스（한）／ lỏng lẻo	ルーズ（な）

21	港を見下ろす公園は（　　）な雰囲気が人気の場所だ。	romantic ／浪漫／로맨틱（한）／lãng mạn	**ロマンチック／ロマンティック**(な)
22	最近のテレビは画面がずいぶん（　　）になっている。	wide ／宽的、宽大的／와이드／ rộng	**ワイド**(な)

5. 正しく覚えたか、チェックしよう

a、b のうち、正しいほうに〇をつけてください。
Mark the correct answer(s) with a 〇.

① 大きな事故だったが、乗客は（ a. パニック　b. ヒット ）にならず、全員無事だった。

② 大丈夫、彼は（ a. ピンク　b. ピンチ ）の時こそ、力を出せる男だから。

③ 会社を作る以上、当然、（ a. リスク　b. ブーム ）はある。

④ パートタイムで働くほうが、仕事と家事の（ a. バランス　b. ムード ）がいい。

⑤ 彼はあまりしゃべらないけど、けっこう（ a. リッチ　b. ユーモア ）のある人ですよ。

⑥ 新しい商品が（ a. ヒット　b. ブーム ）するよう、期待しています。

⑦ あのアナウンサーは、テレビ局をやめて（ a. ムード　b. フリー ）になったそうです。

⑧ このレストランは、安くておいしい店の（ a. ランキング　b. ワイド ）で1位になったそうだよ。

⑨ 山で（ a. フレッシュな　b. フリーの ）空気を思いっきり吸いたい。

⑩ （ a. プライバシー　b. ルーズ ）に関する質問には、お答えできません。

⑪ 彼は仕事には厳しいが、（ a. ピンチ　b. プライベート ）では、とてもおもしろい人だそうだ。

⑫ 結婚のお祝いに、（ a. ポイント　b. ペア ）のワイングラスを送ることにしよう。

⑬ 音楽を聞きながら星を見ていると、とても（ a. ベスト　b. ロマンチック ）な気分になる。

⑭ 時間に（ a. ルーズな　b. フレッシュな ）人は嫌いです。

13 色・形・状態 (2)

動作・行為（1）

Actions, acts (1)
动作、行为(1)
동작 · 행위(1)
Hành động, hành vi (1)

1. イメージで覚えよう

絵に合う語を下の a ～ f から一つ選んで、（　　）に書いてください。
Choose one term that matches the image from a-f.

a. キス	b. インタビュー	c. カンニング
d. キャッチ	e. ジャンプ	f. ギフト

① （　　　　　）

② （　　　　　）

③ （　　　　　）

④ （　　　　　）

⑤ （　　　　　）

⑥ （　　　　　）

2. 似た意味のことばで覚えよう

左と右の意味が同じか、最も近い言葉を線で結んでください。
Use lines to connect items with identical meanings or the most similar meanings.

例 テスト ――――――――――― 試験

① カット ・　　　　　　・ a. 案内

② ガイド ・　　　　　　・ b. 取り消すこと

③ キャンセル ・　　　　　　・ c. 分け合うこと

④ ショッピング ・　　　　　　・ d. 買い物

⑤ クレーム ・　　　　　　・ e. 切ること

⑥ シェア ・　　　　　　・ f. 苦情

⑦ ジョーク ・　　　　　　・ g. 冗談

3. 意味で覚えよう

説明に合う語を下のa～eから一つ選んで、（　　）に書いてください。
Chose the term from a-e that best matches the explanation.

a. アドバイス　　b. ウォーミングアップ　　c. サイン　　d. サークル　　e. アンケート

① （書類の内容を認めるために）自分の名前を書くこと。　（　　　）

② （問題を解決するために）助言すること。　（　　　）

③ 多くの人に、電話や質問用紙で聞いて調べること。　（　　　）

④ スポーツの前にする、軽い準備運動。　（　　　）

⑤ 同じ趣味を持つ者がいっしょに活動する集まり。　（　　　）

4. 例文で覚えよう

※ 右のカタカナ語が（　　）に入ります。
Put the katakana terms at the right in the ( )s and remember the example sentence.

20

1 先輩に面接の受け方を（　　）してもらった。　advice ／建议／어드바이스／ lời khuyên　**アドバイス**（する）

2 スピーチで自分のことを（　　）しよう。　appeal ／自我宣传／어필／ tạo sự hấp dẫn　**アピール**（する）

3 部屋に合うように、花を（　　）した。　arrange ／布置／어레인지／ sửa soạn, bố trí　**アレンジ**（する）

4 アルバイトについて、100人の学生に（　　）をした。　questionnaire ／问卷调查／앙케트／ hỏi ý kiến, thăm dò　**アンケート**

5 大学祭ではいろいろな（　　）が行われる。　event ／活动／이벤트／ sự kiện, hoạt động　**イベント**

6 試合に勝った選手に（　　）することになった。　interview ／采访／인터뷰／ phỏng vấn　**インタビュー**（する）

7 レースを走る前に、軽く体を動かして（　　）します。　warming up ／变暖／워밍업／ khởi động　**ウォーミングアップ**（する）

8 通訳（　　）の仕事をしたいので、英語を勉強しています。　guide ／导游／가이드／ hướng dẫn du lịch　**ガイド**（する）

9 ケーキを8つに（　　）して食べました。　cut ／切／컷／ cắt　**カット**（する）

10 昔、試験で（　　）して、先生に叱られたことがある。　cheat ／偷看／커닝／ ăn gian, gian lận　**カンニング**（する）

11 寝る前に子どもに（　　）する習慣は、日本にはない。　kiss ／吻／키스／ hôn　**キス**（する）

12 高級なお菓子の（　　）なら、きっと喜ばれる。　gift ／礼物／선물／ quà tặng　**ギフト**

13 彼が投げたボールは高くて、（　　）できなかった。　catch ／抓住／캐치／ nhận, bắt lấy　**キャッチ**（する）

14 急に旅行に行けなくなり、ホテルを（　　）した。　cancel ／取消／캔슬／ huỷ bỏ　**キャンセル**（する）

15 高校の時、何か（　　）活動をしていましたか。　club ／俱乐部／클럽／ câu lạc bộ　**クラブ**

16 この商品は、すぐこわれたという（　　）が多い。　claim; complaint ／怨言／클레임／ phàn nàn, khiếu nại　**クレーム**

17 食後に必ず歯を磨いて、歯の（　　）をしている。　care ／保养／케어／ chăm sóc　**ケア**（する）

18 会社は、故障の原因について（　　）を出した。　comment ／发表意见／코멘트／ lời nhận xét　**コメント**（する）

19 彼の部屋は、古いカメラの（　　）でいっぱいだ　collection ／收集／컬렉션／ bộ sưu tập　**コレクション**

20 彼はピアノの世界的な（　　）で優勝した。　contest; competition ／竞演会／콩쿠르／ cuộc thi　**コンクール**

21 コンクールはフランス語で、（　　）は英語です。　contest ／比赛、竞赛／콘테스트／ cuộc thi　**コンテスト**

22 工場内の温度はコンピューターで（　　）されている。　control ／控制／컨트롤／ quản lí　**コントロール**（する）

23 有名人の（　　）会に大勢の人が並んでいる。　sign ／签名／사인／ kí tặng　**サイン**（する）

24 外国語を勉強する社員には、会社が（　　）してくれるそうだ。　support ／支援、援助／서포터／ hỗ trợ　**サポート**（する）

25	大学では、テニスの（　　）に入っていました。	club; circle ／小组／서클／câu lạc bộ	サークル
26	4人で1軒の家を（　　）して生活しています。	share ／平分／셰어／cùng sử dụng	シェア（する）
27	高すぎて（　　）しても届かない。	jump ／跳／점프／nhảy	ジャンプ（する）
28	旅行中はずっと忙しくて、（　　）を楽しむ時間はほとんどなかった。	shopping ／购买／쇼핑／mua sắm	ショッピング
29	これから、動物たちの（　　）が始まる。	show ／表演／쇼／buổi biểu diễn	ショー
30	軽い（　　）のつもりだったのに、怒られてしまった。	joke ／开玩笑／농담／đùa cợt	ジョーク
31	土曜日は、英会話（　　）で勉強している。	school ／学习班／스쿨／trường học, lớp học	スクール

5. 正しく覚えたか、チェックしよう

■ a、b のうち、正しいほうに○をつけてください。
Mark the correct answer(s) with a ○.

① 髪をきれいにするには、毎日の（ a. ケア　b. ジャンプ ）が欠かせません。

② 彼は自分の（ a. コントロール　b. コレクション ）をすべて美術館に寄付した。

③ 彼はギターの国際的な（ a. コンクール　b. サークル ）で2位になった。

④ この問題についての彼女の（ a. コメント　b. ショッピング ）を新聞で読んだ。

⑤ この犬は、目が見えない人を（ a. ウォーミングアップ　b. サポート ）しています。

⑥ 母は家庭料理の（ a. コンテスト　b. インタビュー ）で1位になったことがある。

⑦ 日本人は、自分を（ a. ガイド　b. アピール ）するのが下手だ。

⑧ カーテンの色や家具を（ a. アレンジ　b. サイン ）したら、いい部屋になった。

⑨ 公園で、フリーマーケットやコンサートなどの（ a. イベント　b. カット ）が行われている。

⑩ このファッション（ a. シェア　b. ショー ）では、新人デザイナーの作品が発表される。

⑪ あの人は（ a. スクール　b. ジョーク ）がわからないから、会話が楽しくならない。

⑫ 飛行機のチケットが買えなかったので、（ a. キャンセル　b. クラブ ）が出るのを待ちます。

14
動作・行為
(1)

動作・行為（2）

どうさ こうい

Actions, acts (2)
动作、行为(2)
동작·행위(2)
Hành động, hành vi (2)

1. イメージで覚えよう

絵に合う語を下の a〜d から一つ選んで、（　　　）に書いてください。

Choose one term that matches the image from a-d.

a. ストップ	b. マッサージ	c. ミーティング	d. ツアー

① （　　　　　）

② （　　　　　）

③ （　　　　　）

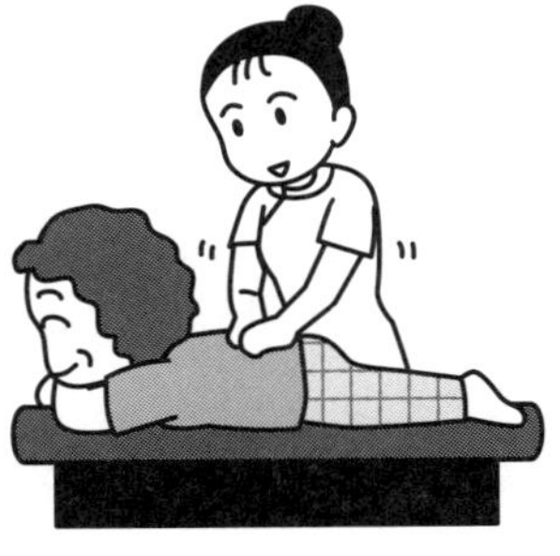

④ （　　　　　）

2. 似た意味のことばで覚えよう

左と右の意味が同じか、最も近い言葉を線で結んでください。
Use lines to connect items with identical meanings or the most similar meanings.

例 テスト ———————————— 試験

① レッスン ・　　　　　　　・ a. 礼儀

② ミス ・　　　　　　　・ b. 要求

③ プラン ・　　　　　　　・ c. 祭り

④ フェスティバル ・　　　　　　　・ d. 計画

⑤ リクエスト ・　　　　　　　・ e. 授業

⑥ マナー ・　　　　　　　・ f. 失敗

3. 意味で覚えよう

説明に合う語を下の a ～ f から一つ選んで、（　　）に書いてください。
Chose the term from a-f that best matches the explanation.

| a. ディスカッション | b. チェックアウト | c. ホームステイ |
| d. ホストファミリー | e. チェックイン | f. フリーマーケット |

① ホテルを出るときの支払いなどの手続き。　（　　　）

② 一般の家庭に、留学生や外国の人が泊まること。　（　　　）

③ あるテーマについて意見を言い合うこと。　（　　　）

④ ホテルに泊まるときの手続き。　（　　　）

⑤ 留学生を家族のように受け入れる家庭のこと。　（　　　）

⑥ 一般の人が、使わなくなったものなどを公園などで売ること。　（　　　）

4. 例文で覚えよう
※ 右のカタカナ語が（　　）に入ります。
Put the katakana terms at the right in the ( )s and remember the example sentence.

	例文	意味	カタカナ語
1	パイロットの（　　）があり、今日は飛行機が飛ばない。	strike ／罷工／스트라이크／ đình công	スト／ストライキ
2	事故で電車が（　　）し、授業に遅れてしまった。	stop ／停止／스톱／ dừng lại, ngừng lại	ストップ（する）
3	お皿とはしとグラスを5人分（　　）してください。	set ／一套／세트／ chuẩn bị, bố trí	セット（する）
4	敬語についての（　　）に参加した。	seminar ／研讨会／세미나／ hội thảo, buổi thuyết trình	セミナー
5	ホテルの（　　）はだいたい10時ごろだ。	checkout ／退房／체크아웃／ trả phòng	チェックアウト（する）
6	このホテルの（　　）は午後3時からです。	check in ／入住／체크인／ nhận phòng	チェックイン（する）
7	N1合格は難しいが、（　　）するつもりだ。	attempt; challenge ／挑战／첼린지／ thử sức	チャレンジ（する）
8	バス（　　）で静岡県に桜を見に行った。	tour ／团体旅行／투어／ tua du lịch	ツアー
9	クラスで国際問題について（　　）した。	discussion ／讨论／디스커션／ thảo luận	ディスカッション（する）
10	祖母は70歳からパソコンに（　　）して、今ではほかのお年寄りにパソコンを教えている。	try ／尝试／트라이／ thử (làm gì đó)	トライ（する）
11	プロの選手は、毎日5時間ぐらい（　　）している。	training ／训练／트레이닝／ rèn luyện	トレーニング（する）
12	公園で花の（　　）が開かれています。	festival ／节日、节／페스티벌／ lễ hội	フェスティバル
13	先生が（　　）してくれるので、誰でも楽しくダンスができます。	follow ／跟从、支持／폴로／ hỗ trợ, giúp đỡ	フォロー（する）
14	この旅行（　　）は忙し過ぎる。	plan ／计划／계획／ kế hoạch, lịch trình	プラン
15	毎週日曜日に、この公園で（　　）が開かれる。	flea market ／自由市场／프리마켓／ chợ trời	フリーマーケット
16	部長の前で、新しい商品の（　　）をした。	presentation ／发布会／프레젠테이션／ trình bày	プレゼン（テーション）
17	多くの会社がCO_2を減らす（　　）に参加している。	project ／工程／프로젝트／ dự án	プロジェクト
18	お世話になった（　　）にお礼を言った。	host family ／寄宿的人家／호스트 패밀리／ host family, gia đình cho ở trọ	ホストファミリー
19	留学中は（　　）だったので、いろいろな家庭料理を食べることもできました。	homestay ／住在外国人家／홈스테이／ homestay, ở nhà dân	ホームステイ（する）
20	毎朝、（　　）の人たちが公園の掃除をしている。	volunteer ／志愿者／자원봉사／ tình nguyện	ボランティア
21	足が疲れたので、（　　）をしてもらった。	massage ／按摩／맛사지／ mát xa	マッサージ（する）
22	出かける日を、カレンダーに黄色で（　　）した。	mark ／记号／마크／ đánh dấu	マーク（する）
23	バスや電車の中で、（　　）の悪い人が増えている。	manners ／礼节／매너／ phép lịch sự	マナー

24	毎週金曜日の昼は、食事をしながら（　　　）をする。	meeting ／开会／미팅／mít tinh	**ミーティング**
25	小さな（　　　）が大きな失敗の原因になることもある。	miss ／失误／미스／lỗi	**ミス**（する）
26	（　　　）をしたら、年齢より若く見えると言われた。	makeup ／化妆／메이크／trang điểm	**メイク**（する）
27	その表現では、伝えたい（　　　）は伝わりません。	message ／留言／메시지／lời nhắn, lời nói	**メッセージ**
28	今、ドイツが3対2で日本を（　　　）している。	lead ／领先／리드／ưu thế	**リード**（する）
29	彼は客の（　　　）にこたえてもう1曲歌った。	request ／要求、点播／리퀘스트／gợi ý, yêu cầu	**リクエスト**（する）
30	来週ゼミで発表するための（　　　）を作った。	resume ／提纲、摘要／레쥐메／bài tóm tắt	**レジュメ**
31	週に1回、ピアノの（　　　）を受けている。	lesson ／授课／렛슨／buổi học	**レッスン**

5.　正しく覚えたか、チェックしよう

a、b のうち、正しいほうに○をつけてください。

Mark the correct answer(s) with a ○ .

① ホテルのレストランでの食事は初めてなので、テーブル（ a. セミナー　b. マナー ）を調べた。

② 留守だったので、留守番電話に（ a. メッセージ　b. マッサージ ）を入れた。

③ 市では、街のごみを減らす（ a. プレゼンテーション　b. プロジェクト ）を進めている。

④ 私が（ a. フォロー　b. スト ）するから、心配しないで英語で話してみて。

⑤ みんなでロボット作りに（ a. セット　b. トライ ）してみよう。

⑥ （ a. メイク　b. レジュメ ）を見ながら発表を聞いたが、よくわからなかった。

⑦ A大学がB大学を2点（ a. トレーニング　b. リード ）しているそうです。

⑧ たいていのホテルは、（ a. ホームステイ　b. チェックアウト ）した後も、荷物を預かってくれる。

⑨ 新製品について（ a. ディスカッション　b. ボランティア ）するための資料を作っています。

⑩ 私のピアノの先生の（ a. レッスン　b. ツアー ）はとても厳しいです。

⑪ 仕事で（ a. ミス　b. セミナー ）をして、課長に叱られた。

情報・パソコン
じょうほう

Information, PCs
情报、电脑
정보 · 컴퓨터
Thông tin, máy tính

1. イメージで覚えよう
おぼ

🔷 絵に合う語を下の a〜d から一つ選んで、（　　　）に書いてください。
え　あ　ご　した　　　　　　　ひと　えら　　　　　　　　　　　　か
Choose one term that matches the image from a-d.

a. キーボード	b. マウス	c. フォルダ	d. システム

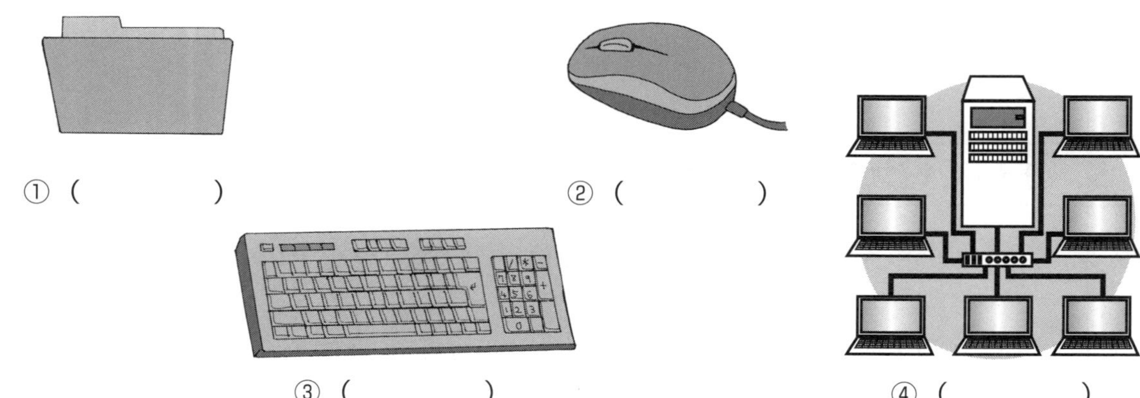

① （　　　　　　）　　　② （　　　　　　）

③ （　　　　　　）　　　④ （　　　　　　）

2. 似た意味のことばで覚えよう
に　い　み　　　　　おぼ

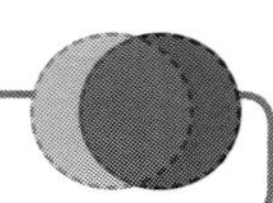

🔷 左と右の意味が同じか、最も近い言葉を線で結んでください。
ひだり みぎ いみ おな　　もっと ちか ことば せん むす
Use lines to connect items with identical meanings or the most similar meanings.

例　テスト　　　●━━━━━━━━━●　試験
れい　　　　　　　　　　　　　　　　　　　し けん

① ダウンロード　・　　　　　・a. 資料や情報
　　　　　　　　　　　　　　　　　しりょう　じょうほう

② クリック　　　・　　　　　・b. 住所
　　　　　　　　　　　　　　　　　じゅうしょ

③ データ　　　　・　　　　　・c. そこに近づくこと・行くこと
　　　　　　　　　　　　　　　　　　　　ちか　　　　　　　い

④ アドレス　　　・　　　　　・d. マウスのボタンを押すこと
　　　　　　　　　　　　　　　　　　　　　　　　　　お

⑤ アクセス　　　・　　　　　・e. ウェブ上にあるデータをパソコンにコピーすること
　　　　　　　　　　　　　　　　　　　　じょう

⑥ ブログ　　　　・　　　　　・f. ウェブ上の日記
　　　　　　　　　　　　　　　　　　　　じょう　にっき

3. 意味で覚えよう
（いみ　おぼ）

説明に合う語を下の a 〜 f から一つ選んで、（　　）に書いてください。
（せつめい　あ　ご　した　　　　ひと　えら　　　　　　　　　　か）
Chose the term from a-f that best matches the explanation.

a. インストール　　b. アップ　　c. ソフト　　d. ホームページ　　e. ワープロ　　f. アプリ

① ソフトウェアの略。パソコンやスマホに入れて使う。　（　　　　）
　　　　　　　　（りゃく）　　　　　　　　　　　　（い）　（つか）

② アプリケーションの略。パソコンやスマホに入れて使う。　（　　　　）
　　　　　　　　　　　（りゃく）　　　　　　　　　　（い）　（つか）

③ アップロードの略。ほかの人が利用できるように、ウェブ上に置くこと。　（　　　　）
　　　　　　　　（りゃく）　　　　（ひと　りよう）　　　　　　　　（じょう　お）

④ ウェブサイト。または、そのトップにあるページのこと。　（　　　　）

⑤ コンピューターにプログラムなどを入れて、使えるようにすること。　（　　　　）
　　　　　　　　　　　　　　　　　　　　（い）　（つか）

⑥ ワードプロセッサーの略。これを使って文章や書類を作る。　（　　　　）
　　　　　　　　　　　（りゃく）　　　（つか）（ぶんしょう　しょるい　つく）

4. 例文で覚えよう
（れいぶん　おぼ）

※ 右のカタカナ語が（　　）に入ります。
（みぎ　　　　　　ご　　　　　　　　はい）
Put the katakana terms at the right in the (　)s and remember the example sentence.

22	1	会場は（　　）がよくないから、タクシーで行こう。 （かいじょう）　　　　　　　　　　　　（い）	access; directions ／搜索 ／교통수단／ truy cập, lối đi	**アクセス**（する）
	2	写真をホームページに（　　）したので、見てく （しゃしん）　　　　　　　　　　　　（み） ださい。		**アップ**（ロード）（する）
	3	案内状をお送りしますので、メール（　　）を教 （あんないじょう　おく）　　　　　　　　　　（おし） えていただけますか。	address ／地址／주소／ địa chỉ	**アドレス**
	4	これは電車の乗り換え案内をする（　　）です。 （でんしゃ　の　か　あんない）	application ／应用软件／ 앱／어플／ ứng dụng	**アプリ**
	5	パソコンにこのソフトを（　　）するのに、10 分くらいかかった。 （ぶん）	(to) install ／安装／인스 톨（하다）／ cài đặt	**インストール**（する）
	6	売り場がわからないときは、その辺の人に聞くよ （う　ば）　　　　　　　　　　（へん　ひと　き） り（　　）で聞いたほうが早いですよ。 　　　　　　（き）　　　　　（はや）	information ／情报／정보 ／ thông tin	**インフォメーション**
	7	（　　）の情報には、間違っているものも多い。 （じょうほう）　　（まちが）　　　　　　（おお）	web ／网上／웹／ mạng web	**ウェブ**
	8	スマホで何でもできるから、パソコンの（　　） （なん） が打てない若者が増えているそうだ。 （う）　（わかもの　ふ）	keyboard ／键盘／키보드 ／ bàn phím	**キーボード**

9	「次へ進む」を（　　　）してください。	click ／点击／클릭／ nhấn	**クリック**（する）
10	正しい情報がほしいなら、公式（　　　）を見たほうがいいですよ。	site ／网站／사이트／ trang web	**サイト**
11	ATM が使えない。銀行の（　　　）に何か問題が起きたみたい。	system ／系统／시스템／ hệ thống	**システム**
12	写真に字を入れるなら、この（　　　）がいい。	software ／软件／소프트 ／ phần mềm	**ソフト**
13	このサイトにアクセスすれば、資料が無料で（　　　）できます。	(to) download ／下载／다운로드 (하다)／ tải xuống	**ダウンロード**（する）
14	研究発表のときには、一番新しい（　　　）を使う必要がある。	data ／数据／데이터／ dữ liệu	**データ**
15	出かけるのは面倒なので、（　　　）で買います。	net; Internet ／网上／인터넷／ mạng	**ネット**
16	彼女とは、留学生の（　　　）を通じて知り合った。	network ／网络／네트워크 ／ mạng lưới	**ネットワーク**
17	昨日作ったファイルをどの（　　　）に入れたか忘れてしまった。	folder ／文件夹／홀더／ thư mục, folder	**フォルダ（ー）**
18	パソコンに「仕事」「家族」「友人」などのフォルダーを作って、（　　　）を管理しています。	file ／文件／파일／ ① tệp tin, file ② kẹp tài liệu	**ファイル**（する）
19	友達が（　　　）を始めて、おいしいレストランのことばかり書いている。	blog ／微博／블로그／ blog	**ブログ**
20	新しい時間割りは、大学の（　　　）を見ればわかる。	homepage ／网页／홈페이지／ trang web, trang chủ	**ホームページ**
21	（　　　）の調子が悪くなったのは、裏にごみがたまっていたからでした。	mouse ／鼠标／마우스／ chuột	**マウス**
22	USB（　　　）にデータを入れて持っていった。	memory ／记忆／메모리／ bộ nhớ	**メモリ（ー）**
23	このサイトに（　　　）するには、メールアドレスとパスワードを登録する必要があります。	(to) login ／注册／로그인／ đăng nhập	**ログイン**（する）
24	レポートはいつも（　　　）で書きます。	word processor ／打字机／워드 프로세서／ đánh chữ	**ワープロ**

5. 正しく覚えたか、チェックしよう

a、bのうち、正しいほうに〇をつけてください。
Mark the correct answer(s) with a ○.

① 便利なソフトを見つけたので、さっそく（ a. ダウンロード　b. マウス ）した。

② ここを（ a. クリック　b. キーボード ）すれば、1回30円の寄付ができるようになっています。

③ 最近、資料を（ a. アドレス　b. ウェブ ）上に保存することが増えたが、ディスクにも保存したほうが安全かもしれない。

④ （ a. アクセス　b. アプリ ）したことのない（ a. ソフト　b. サイト ）から請求書が来たら、決して払ってはいけません。

⑤ 図書館の利用（ a. クリック　b. システム ）が変わりましたので、大学のホームページを見て確認しておいてください。

⑥ 正しい（ a. インフォメーション　b. インストール ）がほしければ、誰が書いたか、はっきりしないサイトには（ a. ネットワーク　b. アクセス ）しないことです。

⑦ 試験の予定については、掲示板か大学の（ a. ホームページ　b. マウス ）で確認してください。

⑧ A社は毎年支店を増やし、全国に（ a. ネット　b. ネットワーク ）を広げてきた。

⑨ スマホにゲームの（ a. ブログ　b. アプリ ）を入れて、電車の中で楽しんでいる。

⑩ （ a. ブログ　b. メモリー ）が不足しているため、パソコンの動きが遅い。

⑪ 間違えて（ a. アップ　b. ファイル ）を捨ててしまって、困ってるんです。

⑫ どうしよう……。パスワードを忘れてしまって（ a. ログイン　b. クリック ）できない。

産業・技術

Industry, technology
产业、技术
산업·기술
Sản nghiệp, kỹ thuật

1. イメージで覚えよう

■ 絵に合う語を下の a〜e から一つ選んで、（　　）に書いてください。
Choose one term that matches the image from a-e.

| a. バーコード　　b. ロケット　　c. ロボット　　d. グラフ　　e. エアメール |

① （　　　　　　）

② （　　　　　　）

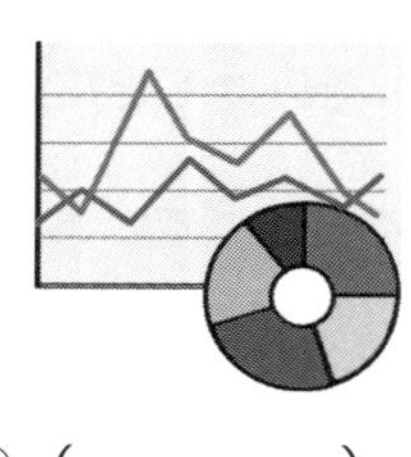

③ （　　　　　　）

④ （　　　　　　）

⑤ （　　　　　　）

■ どちらの時計ですか。（　　）に書いてください。

| f. アナログ　　　　g. デジタル |

⑥ （　　　　　　）時計

⑦ （　　　　　　）時計

2. 似た意味のことばで覚えよう

左と右の意味が同じか、最も近い言葉を線で結んでください。
Use lines to connect items with identical meanings or the most similar meanings.

例　テスト ――――――――――――――― 試験

① ノウハウ　　　・

② レジャー　　　・

③ セキュリティー　・

④ リサイクル　　・

⑤ メディア　　　・

⑥ リスト　　　　・

⑦ キャッシュ　　・

・a. 遊び、娯楽

・b. 現金

・c. 安全

・d. 表

・e. やり方

・f. 再利用

・g. 新聞・雑誌・テレビなど

3. 意味で覚えよう

説明に合う語を下のa〜hから一つ選んで、（　　）に書いてください。
Chose the term from a-h that best matches the explanation.

a. チャージ	b. パスワード	c. アナウンス	d. エコ	e. ノウハウ
f. IC カード	g. キャッシュカード		h. クレジットカード	

① 銀行のお金を下ろすためのカード。　（　　　）

② サインをして、買い物に使うカード。　（　　　）

③ 電車やバスの利用、買い物などができるように、現金の代わりに使うカード。　（　　　）

④ 環境のために、電気や水や資源などをむだにしないこと。　（　　　）

⑤ 案内やニュースなどをみんなに知らせること。その放送。　（　　　）

⑥ 本人以外に使えないようにするため、数字や文字を組み合わせたもの。　（　　　）

⑦ あることについての知識や、やり方。　（　　　）

⑧ 使えるように、カードにお金を入れたり、スマホに電気を入れたりすること。　（　　　）

4. 例文で覚えよう
れいぶん　おぼ

※ 右のカタカナ語が（　　）に入ります。
みぎ　　　　　　　　　　　　　　はい
Put the katakana terms at the right in the (　)s and remember the example sentence.

1 最近は、（　　）で買い物ができるお店が多くなった。	IC card ／ IC 卡／ IC 카드／ thẻ ID	**IC カード**
2 今、電車の出発が 15 分ほど遅れるという（　　）があった。	announcement ／广播／아나운서／ thông báo	**アナウンス**（する）
3 私は（　　）人間だから、パソコンは苦手です。	analog ／模拟／아날로그／ kĩ thuật tương tự, a-na-lốc	**アナログ**（な、の）
4 船便より（　　）の方が3週間ほど早く着く。	air mail ／航空信／항공 우편 ／ thư máy bay	**エアメール**
5 （　　）とは「エコロジー」の略で、「環境にいい」という意味です。	eco-friendly; green ／环保／친환경／ thân thiện với môi trường	**エコ**
6 海外では、安全のため、（　　）を持たないようにしている。	cash ／现金／현금／ tiền mặt	**キャッシュ**
7 （　　）を忘れて、お金が下ろせない。	cash card; bank card ／取款卡／캐시 카드／ thẻ ngân hàng	**キャッシュカード**
8 この（　　）は、10 年間の日本の人口変化を表したものです。	graph ／表／그래프／ biểu đồ	**グラフ**
9 （　　）ばかり使っていると、むだな買い物をすることが多くなる。	credit card ／信用卡／신용카드／ thẻ tín dụng	**クレジットカード**
10 スマホのバッテリーが切れそうだから、（　　）しなくては。	(to) catch ／充电／충전 (하다) ／ sạc	**チャージ**（する）
11 日本では 2011 年、すべてのテレビ放送がアナログから（　　）になった。	digital ／数码／디지털／ kĩ thuật số	**デジタル**
12 先輩が外国語学習の（　　）を教えてくれたが、なかなか上手にならない。	know-how ／技术／노하우／ phương pháp, bí quyết, know-how	**ノウハウ**
13 スーパーの商品には、すべて（　　）が付いている。	barcode ／条形码／바코드／ mã vạch	**バーコード**
14 名前や誕生日などを（　　）として使うのは危険です。	password ／密码／패스워드 ／ mật khẩu	**パスワード**
15 （　　）が言うことをそのまま信じるのではなく、自分で判断してください。	mass media ／媒体／매스컴／ giới báo chí, phương tiện truyền thông đại chúng	**マスコミ**
16 政治家の中には、（　　）をうまく利用している者もいる。	media ／大众传播／미디어／ phương tiện truyền thông	**メディア**
17 新聞や雑誌、段ボールは（　　）できます。	(to) recycle ／回收／재활용 (하다) ／ tái chế, tái sử dụng	**リサイクル**（する）

18	買い物の（　　　）を作ったのに、持ってくるのを忘れてしまった。	list ／名単、一覧表／리스트／danh bạ	リスト
19	日本人は仕事が中心で、（　　　）にかける時間が少ない。	leisure ／閑暇／레저／giải trí	レジャー
20	日本初の（　　　）は、東京大学の糸川博士らによって開発された。	rocket ／火箭／로켓／tàu vũ trụ	ロケット
21	私の場合、掃除よりも食器洗いをしてくれる（　　　）がほしい。	robot ／机器人／로봇／người máy, rô-bốt	ロボット

5. 正しく覚えたか、チェックしよう

a、b のうち、正しいほうに〇をつけてください。
Mark the correct answer(s) with a ○.

① 数字で説明するより、（ a. グラフ　b. バーコード ）を使って説明するほうがわかりやすい。

② デパートでもコンビニでも、サービスの（ a. エコ　b. ノウハウ ）は同じだ。

③ 「お客様、申し訳ありませんが、当店では（ a. キャッシュ　b. クレジットカード ）はお使いいただけません。現金だけのお取り扱いとなります。」

④ 1955 年、日本で最初の（ a. ロケット　b. ネット ）が打ち上げられた。

⑤ このパソコンは、（ a. パスワード　b. レジャー ）を入れないと使えないようにしている。

⑥ 試験のときは、（ a. アナログ　b. デジタル ）の時計の方がいい。残り時間が見てすぐわかるから。

⑦ 将来は、新聞やテレビなどの（ a. リスト　b. マスコミ ）で働きたい。

⑧ 捨てるのはもったいないよ。（ a. リサイクル　b. メディア ）すれば？

⑨ この（ a. ロボット　b. レジャー ）、まるで人間みたいに話したり笑ったりするんです。

⑩ ちょっと待ってくれる？　カードに（ a. セキュリティー　b. チャージ ）するから。

試験に出る基本カタカナ語を完全にマスターしよう！

Fully master katakana terms that will show up on tests!
彻底掌握考试中出现的外来语！
시험에 나오는 가타카나어를 완전히 마스터하자！
Hãy nắm vững từ vựng katanaka sẽ xuất hiện trong kỳ thi!

実戦問題 Test-style Questions ／实战练习问题／실전 문제／ Kiểm tra thực hành

語彙　第1〜3回
Vocabulary #1-3 ／词汇 第 1 〜 3 次／
어휘 제 1 〜 3 회／ Từ vựng Lần thứ 1 〜 3

語彙　第4〜6回
Vocabulary #4-6 ／词汇 第 4 〜 6 次／
어휘 제 4 〜 6 회／ Từ vựng Lần thứ 4 〜 6

語彙　第7〜9回
Vocabulary #7-9 ／词汇 第 7 〜 9 次／
어휘 제 7 〜 9 회／ Từ vựng Lần thứ 7 〜 9

語彙　第10〜12回
Vocabulary #10-12 ／词汇 第 10 〜 12 次／
어휘 제 10 〜 12 회／ Từ vựng Lần thứ 10 〜 12

情報検索　第1回
Information Lookup #1 ／情报检索 第 1 次／
정보 검색 제 1 회／ Tìm kiếm thông tin 1

情報検索　第2回
Information Lookup #2 ／情报检索 第 2 次／
정보 검색 제 2 회／ Tìm kiếm thông tin 2

情報検索　第3回
Information Lookup #3 ／情报检索 第 3 次／
정보 검색 제 3 회／ Tìm kiếm thông tin 3

情報検索　第4回
Information Lookup #4 ／情报检索 第 4 次／
정보 검색 제 4 회／ Tìm kiếm thông tin 4

<table>
<tr><td>実戦問題</td><td>語 彙</td><td>Vocabulary
词汇
어휘
Từ vựng</td><td>第1回</td><td>／50</td></tr>
</table>

問題1　（　　）に入れるのに最もよいものを、1・2・3・4から一つえらびなさい。

Choose what would best go in the (　)s.

（3点× 10 ＝ 30点）

1　新幹線のきっぷはチケット（　　　　）で安く買いました。

　1　シップ　　　　　2　ショップ　　　　3　ショプ　　　　4　ショープ

2　歩きながらスマホで（　　　　）をするのは、危ないのでやめてほしい。

　1　ゲーム　　　　　2　トラブル　　　　3　ジョギング　　4　アニメ

3　田中さんはバナナを食べると体がかゆくなる、バナナ（　　　　）です。

　1　アラジー　　　　2　アレルギー　　　3　アレルジー　　4　アラギー

4　春においしい野菜と言えば、（　　　　）だと思う。

　1　キャベツ　　　　2　パスタ　　　　　3　ヨーグルト　　4　チキン

5　ジャケットが汚れてしまったので、（　　　　）店に持っていこうと思う。

　1　インスタント食品　　　　　　　2　クリーニング
　3　ペットボトル　　　　　　　　　4　コーナー

6　申込書はホームページから（　　　　）することができます。

　1　ヒット　　　　　2　チャージ　　　　3　ダウンロード　　4　ウェブ

7　入学試験の作文の（　　　　）は「あなたにとって留学生活とは？」でした。

　1　インストラクター　2　ドリル　　　　3　サイン　　　　4　テーマ

8　この小説は、来年テレビ（　　　　）になるそうだ。

　1　ファン　　　　　2　エコ　　　　　　3　ドラマ　　　　4　マニア

9　司会「今日は（　　　　）に歌手のマイケルさんをお迎えしました。」

　1　ベテラン　　　　2　ゲスト　　　　　3　アマチュア　　4　エンジニア

10　ちょっと困（こま）っています。先輩（せんぱい）、どうすればいいか、（　　　　）をください。

1　コース　　　　　　2　コレクション　　　3　レッスン　　　　4　アドバイス

問題2　＿＿＿＿に意味が最も近いものを1・2・3・4から一つえらびなさい。
Choose the selection that has the most similar meaning.

（4点×3＝12点）

11　もう一度チャンスがあったら、今度こそがんばるぞ。

1　応援（おうえん）　　　2　時間　　　　　3　人気（にんき）　　　4　機会（きかい）

12　レシートは、いらないので捨（す）ててしまった。

1　使い終わった電車のきっぷ　　　　　2　商品（しょうひん）の使い方が書かれた紙
3　買った品物と値段（ねだん）の書かれた紙　　4　発表（はっぴょう）のときに聞いている人に配（くば）る紙

13　予約についてのインフォメーションがほしい。

1　情報（じょうほう）　　　2　方法　　　　3　スケジュール　　　4　エネルギー

問題3　つぎのことばの使い方として最もよいものを、1・2・3・4から一つえらびなさい。
Choose the most appropriate selection in terms of how it should be used.

（4点×2＝8点）

14　シンプル

1　新しい品物（しなもの）がどんなデザインなのか、シンプルを見せてもらえませんか。
2　一人で旅行するので、ホテルはダブルじゃなくてシンプルの部屋（へや）にした。
3　野菜（やさい）にレモンと塩（しお）をかけただけの、シンプルなサラダが好きだ。
4　今はまだシンプルだけど、そろそろ結婚（けっこん）したいと思っている。

15　イベント

1　急（きゅう）にイベントが起きて、旅行に行けなくなった。
2　きのう起きたイベントで、3人がけがをした。
3　入院中は、日記に体のイベントをくわしく書いた。
4　夏祭（まつ）りでは、いつもおもしろいイベントが企画（きかく）される。

問題 1　（　　　）に入れるのに最もよいものを、1・2・3・4から一つえらびなさい。
Choose what would best go in the (　　)s.

（3点 × 10 ＝ 30点）

1　（　　　　　）の火がつかなくて、料理ができない。

1　コンセント　　　　　2　フライドポテト　　　3　ガスコンロ　　　　4　カイロ

2　気温が低すぎて、車の（　　　　　）がうまくかからない。

1　ハンドル　　　　　2　タイヤ　　　　　　3　ライト　　　　　4　エンジン

3　お花見の（　　　　　）になると、この駅を利用する人が増える。

1　アマチュア　　　　2　シーズン　　　　　3　チームワーク　　　4　ミス

4　彼女との初めてのデートだから、（　　　　　）な映画が見たい。

1　ワイド　　　　　　2　ルーズ　　　　　　3　スムーズ　　　　4　ロマンチック

5　今の会社は、人間関係の（　　　　　）が多くて疲れます。

1　トラブル　　　　　2　インフルエンザ　　3　オフィス　　　　4　ビジネス

6　今日は（　　　　　）をしめて行ったほうがいいかなあ。

1　ネクタイ　　　　　2　ソックス　　　　　3　パーマ　　　　　4　ショートパンツ

7　将来、人間の代わりに（　　　　　）がお年寄りの世話をするようになると言われている。

1　ロボット　　　　　2　ロケット　　　　　3　マウス　　　　　4　コットン

8　ケーキと紅茶の（　　　　　）は 800 円です。

1　ショー　　　　　　2　セット　　　　　　3　シーズン　　　　4　キス

9　ステーキは、こちらの（　　　　　）をかけてお召し上がりください。

1　ビーフ　　　　　　2　シーツ　　　　　　3　ポーク　　　　　4　ソース

10 髪の毛が長くなったら、（　　　　　）で留めればいいんだよ。

1　コンタクトレンズ　　　　　　　2　ロングスカート
3　ピン　　　　　　　　　　　　　4　ピアス

問題2　＿＿＿＿に意味が最も近いものを１・２・３・４から一つえらびなさい。
Choose the selection that has the most similar meaning.

（4点×3＝12点）

11 アルコールを飲む。

1　ビールやお酒など
2　レモンティーやミネラルウォーターなど
3　眠くなるための薬
4　眠くならないための薬

12 車のライトがつけっぱなしですよ。

1　キー　　　　　　　2　ドア　　　　　　　3　明かり　　　　　　　4　窓

13 このホテルは、当日キャンセルの場合、全額払わなければならない。

1　延長　　　　　　　2　相談　　　　　　　3　約束　　　　　　　4　取り消し

問題3　つぎのことばの使い方として最もよいものを、１・２・３・４から一つえらびなさい。
Choose the most appropriate selection in terms of how it should be used.

（4点×2＝8点）

14 広告

1　スーパーのチラシには、安売りの広告がたくさん出ている。
2　コースが来週スタートすることを、学生の皆さんに広告してください。
3　女の子に「好きです」と広告して、ついにデートできることになった。
4　パーティーの広告が届いたら、友達といっしょに行こうと思う。

15 テイクアウト

1　いい天気だから、テイクアウトな場所でランチを食べたいと思う。
2　あの人はいつも明るくてテイクアウトだから、友達が多い。
3　ゆっくり歩くとテイクアウトしてしまうから、少し急ごう。
4　店の料理をテイクアウトして、公園でいっしょに食べよう。

実戦問題（じっせんもんだい） 語彙（ご い）　Vocabulary / 词汇 / 어휘 / Từ vựng　　第3回（だい かい）　□／50

問題1 （　　）に入れるのに最もよいものを、1・2・3・4から一つえらびなさい。
Choose what would best go in the (　　)s.

（3点× 10 ＝ 30点）

1　この（　　　　）は、10年前の男女の割合（わりあい）を示（しめ）したものです。

1　ソフト　　　　　2　グラフ　　　　　3　デジタル　　　　4　カバー

2　テレビの映画番組（ばんぐみ）は、途中（とちゅう）で（　　　　）が入ってしまうのが残念（ざんねん）だ。

1　アクセント　　　2　バッテリー　　　3　コマーシャル　　4　アート

3　オペラのコンサートを見るときは、必ず（　　　　）を買うことにしています。

1　アーティスト　　2　ジャズ　　　　　3　プログラム　　　4　オーケストラ

4　髪（かみ）の毛を乾（かわ）かしたいから、（　　　　）を貸（か）してくれない？

1　ショートヘアー　2　ドライヤー　　　3　ドラッグストア　4　セロハンテープ

5　オンの日と（　　　　）の日は、きちんと区別（くべつ）したい。

1　オフ　　　　　　2　コード　　　　　3　シルク　　　　　4　ビニール

6　（　　　　）がこわれてしまって、印刷（いんさつ）できません。

1　プライバシー　　2　イヤホン　　　　3　プリンター　　　4　リスク

7　私にとって、海外旅行の一番の楽しみは（　　　　）です。

1　アルバイト　　　2　リビング　　　　3　スマート　　　　4　ショッピング

8　仕事が見つからない（　　　　）で、夜よく眠（ねむ）れない。

1　ウイルス　　　　2　リラックス　　　3　ラベル　　　　　4　ストレス

9　自分で旅行プランを立てるより、旅行会社の（　　　　）を選（えら）んだほうが楽（らく）だ。

1　ツアー　　　　　2　クレーム　　　　3　スター　　　　　4　ストライキ

10 ここに（　　　　　　）が造られると、村は水にしずんで消えることになる。

1　ガソリンスタンド　　　　　　　　　　2　ビーチ
3　ダム　　　　　　　　　　　　　　　　4　プール

問題2　＿＿＿＿＿に意味が最も近いものを１・２・３・４から一つえらびなさい。
Choose the selection that has the most similar meaning.

（4点×3＝12点）

11 趣味は<u>ハイキング</u>です。

1　高い山に登ること　　　　　　　　　　2　歌を歌うこと
3　走ること　　　　　　　　　　　　　　4　自然を楽しみながら歩くこと

12 今度のパーティーだけど、何か<u>アクセサリー</u>が必要かなあ。

1　ハンカチやティッシュなど　　　　　　2　イヤリングやネックレスなど
3　フォークやスプーンなど　　　　　　　4　スーツやドレスなど

13 Kデパートには<u>オリジナル</u>商品がたくさんあります。

1　ねだんの高い　　　　　　　　　　　　2　ねだんの安い
3　新しく生み出した　　　　　　　　　　4　輸入された

問題3　つぎのことばの使い方として最もよいものを、１・２・３・４から一つえらびなさい。
Choose the most appropriate selection in terms of how it should be used.

（4点×2＝8点）

14 サイン

1　読めない漢字の上には、いつもふりがなを<u>サイン</u>している。
2　ここに郵便番号、住所、電話番号を<u>サイン</u>してください。
3　聞いたことを忘れないように、メモ用紙に<u>サイン</u>した。
4　お金がなくても、カードがあれば<u>サイン</u>するだけで買える。

15 ラッシュアワー

1　この時間は<u>ラッシュアワー</u>だから、電車がすごく込む。
2　あの二人は、いっしょに<u>ラッシュアワー</u>するほど、仲がいい。
3　今から<u>ラッシュアワー</u>すれば、時間に間に合うかもしれない。
4　あの人は今、<u>ラッシュアワー</u>だから、新しい仕事は無理だと思う。

実戦問題　情報検索
じっせんもんだい　じょうほうけんさく

Information Lookup
情報検索
정보 검색
Tìm kiếm thông tin

第1回　／10
だい　かい

問題　右のページは、「スポーツアミューズ」という店のホームページである。これを読んで、下の質問に答えなさい。答えは、1・2・3・4から最もよいものを一つえらびなさい。

（5点×2＝10点）

問1　鈴木さんは、1人でこの店に行き、3時間スポーツをしたいと考えている。どのスポーツをすることができるか。

1　サッカーとバレーボール
2　バスケットボールと野球
3　カラオケとゴルフ
4　ダンスと卓球

問2　田中さんは、家族3人（田中さん夫婦と小学生の子ども）で土曜日に5時間遊んだ。いくらかかったか。

1　6700円
2　6400円
3　5800円
4　4500円

スポーツアミューズ

は じ め て の お 客 様 へ

「スポーツアミューズ」は、一人でも、グループでも、入場料だけでいろいろなスポーツやアミューズメントが楽しめます。道具はすべて無料です。

<table>
<tr><td>

遊べるスポーツ

- ◆ サッカー　＊
- ◆ バスケットボール　＊
- ◆ バレーボール　＊
- ◆ 野球（バッティング練習）
- ◆ ゴルフ（練習）
- ◆ 卓球
- ◆ ローラースケート
- ◆ ダンス

</td><td>

遊べるアミューズメント

- ◆ カラオケ
- ◆ ゲームコーナー
- ◆ マンガコーナー
- ◆ お子様用コーナー

</td></tr>
</table>

＊のスポーツはグループでご利用ください。
＊マーク以外はお一人でご利用できます。

入場料金（お一人様料金）

好きなだけ使える「フリータイムコース」と3時間使える「3時間コース」があります。

	フリータイムコース		3時間コース	
	平 日	土 日 祝	平 日	土 日 祝
一般	2500円	2800円	2000円	2300円
学生（中学生〜大学生）	1700円	2000円	1500円	1700円
子ども	800円	800円	500円	700円

<table>
<tr><td>実戦
問題</td><td>**語　彙**
（ご）（い）</td><td>Vocabulary
词汇
어휘
Từ vựng</td><td>**第4回** だい　かい</td><td>／50</td></tr>
</table>

問題1 （　　　）に入れるのに最もよいものを、1・2・3・4から一つえらびなさい。

Choose what would best go in the (　　)s.

（3点× 10 ＝ 30点）

1 本についてのご相談は、図書館の（　　　　　　）でおうかがいいたします。

1　門　　　　　　　　2　屋上　　　　　　　3　パジャマ　　　　　4　カウンター

2 甘いものや油を使った料理は、（　　　　　　）が高い。

1　クリニック　　　　2　ヘルシー　　　　　3　カロリー　　　　　4　カルシウム

3 家庭での親子の（　　　　　　）が不足しているそうだ。

1　スケジュール　　　　　　　　　　　　　2　コミュニケーション
3　インターナショナル　　　　　　　　　　4　コンクール

4 （　　　　　）缶とスチール缶は、分けて出してください。

1　ウール　　　　　　2　ゴム　　　　　　　3　ガラス　　　　　　4　アルミ

5 ジーンズの（　　　　　　）に入れたきっぷが、見つからない。

1　スニーカー　　　　2　サンダル　　　　　3　ポケット　　　　　4　ポット

6 プリンターの（　　　　　　）が手につくと、なかなかとれない。

1　カッター　　　　　2　インク　　　　　　3　ガムテープ　　　　4　コピー用紙

7 給料が（　　　　　）したら、もっと広い部屋に住みたい。

1　カーブ　　　　　　2　ヒント　　　　　　3　ダウン　　　　　　4　アップ

8 最近の家は、床が（　　　　　　）になっているそうだ。

1　バリアフリー　　　2　スペース　　　　　3　メンバー　　　　　4　フリーマーケット

9 日本は（　　　　　）にある国です。

1　ヨーロッパ　　　　2　エイジア　　　　　3　アジア　　　　　　4　アフリカ

10 このレストラン、店員がなかなか気づいてくれないし、（　　　　　）が悪いなあ。

1　サービス　　　　　2　ビジネス　　　　　3　カルチャー　　　　4　プレイ

問題2　＿＿＿＿に意味が最も近いものを1・2・3・4から一つえらびなさい。
Choose the selection that has the most similar meaning.

（4点×3＝12点）

11 あの店の料理は、ボリュームがあるよ。

1　有名だ　　　　　2　味がいい　　　　　3　値段が高い　　　　4　量が多い

12 私の発表について先生がコメントしてくださり、大変うれしかった。

1　意見や解説を加えて　　　　　　　2　いい点をほめて
3　悪い点だけを言って　　　　　　　4　ほかの人に宣伝して

13 日本チームは、スピードとパワーが足りない。

1　技術　　　　　2　力　　　　　3　速さ　　　　　4　作戦

問題3　つぎのことばの使い方として最もよいものを、1・2・3・4から一つえらびなさい。
Choose the most appropriate selection in terms of how it should be used.

（4点×2＝8点）

14 レジャー

1　彼は、誰に対してもレジャーな人だ。
2　山田さんは、茶道、華道、読書など、とても多くのレジャーを持っている。
3　もっとレジャーにやらないと、かたづきませんよ。
4　夏休みは、海も山も、レジャーを楽しむ人たちで混雑する。

15 トレーニング

1　ワイシャツをトレーニングしてもらった。
2　首が痛いので、首を回してトレーニングした。
3　富士登山のために、毎日1時間走ってトレーニングしている。
4　ベランダにふとんを干して、トレーニングした。

実戦問題　**語彙**　Vocabulary / 词汇 / 어휘 / Từ vựng　**第5回** ／50

問題1　（　　）に入れるのに最もよいものを、1・2・3・4から一つえらびなさい。
Choose what would best go in the (　)s.

（3点 × 10 ＝ 30点）

1　この食堂はセルフ（　　　　）だから、料理は自分で取りに行かなくてはいけない。

　　1　フード　　　　　2　マヨネーズ　　　　3　サービス　　　　4　キャンディー

2　めがねを持ち運ぶときは、（　　　　）に入れたほうがいい。

　　1　グレー　　　　　2　ケース　　　　　3　ダメージ　　　　4　ホース

3　大人の体の 60 〜 65（　　　　）が水分だそうだ。

　　1　シェア　　　　　2　アピール　　　　3　ハーフ　　　　4　パーセント

4　大学生に（　　　　）をとった結果、この商品に人気があることがわかった．

　　1　プレゼンテーション　　　　　　　　2　アンケート
　　3　キャンセル　　　　　　　　　　　　4　ショッピング

5　この試合に勝てば、（　　　　）になれる。

　　1　オリンピック　　　2　チャンピオン　　　3　キャンペーン　　　4　アート

6　ニュース番組のアナウンサー「きょうの主な（　　　　）はご覧のとおりです。」

　　1　マニア　　　　　2　カルチャー　　　　3　プロセス　　　　4　トピック

7　彼はチームの（　　　　）として、みんなの意見をよくまとめている。

　　1　ディスカッション　　　　　　　　　2　チャレンジ
　　3　リーダー　　　　　　　　　　　　　4　コントロール

8　そのソフトを（　　　　）すれば、このパソコンでも絵がかけるようになるんですね。

　　1　チャージ　　　　2　インストール　　　3　メモリー　　　　4　オープン

9　夕食後は、家族みんなで（　　　　）でテレビを見ることが多いです。

　　1　リビング　　　　2　テニスコート　　　3　グラウンド　　　4　マンション

10　月に1回、このホテルの（　　　　）でミニコンサートが開かれる。

1　ロビー　　　　　2　カーペット　　　3　ロッカー　　　4　キッチン

問題2　＿＿＿＿に意味が最も近いものを1・2・3・4から一つえらびなさい。
Choose the selection that has the most similar meaning.

（4点×3＝12点）

11　日本料理は<u>ヘルシーだ</u>と考えられている。

1　おいしい　　　　2　健康にいい　　　3　カロリーが多い　　4　値段が高い

12　この映画館は、<u>スクリーン</u>が大きいので人気がある。

1　画面　　　　　　2　パターン　　　　3　バーコード　　　4　チケット

13　彼の部屋はマンガの本が山のようにあって、寝る<u>スペース</u>がほとんどない。

1　ふとん　　　　　2　時間　　　　　　3　空間　　　　　4　生活

問題3　つぎのことばの使い方として最もよいものを、1・2・3・4から一つえらびなさい。
Choose the most appropriate selection in terms of how it should be used.

（4点×2＝8点）

14　キーワード

1　外出するときは、<u>キーワード</u>をホテルのフロントに預けなくちゃ。
2　自分のパソコンの<u>キーワード</u>を忘れて、ログインできなくなった。
3　この本を見れば、新しい時代の<u>キーワード</u>が見えてくる。
4　パソコンの<u>キーワード</u>がこわれちゃって、文字が打てない。

15　カジュアル

1　昨日、町で<u>カジュアル</u>に先生に会ってびっくりした。
2　入学試験は、<u>カジュアル</u>な気持ちで受けようと思っている。
3　<u>カジュアル</u>なレストランなら、いつもの服で食べに行ける。
4　このレポート、<u>カジュアル</u>にチェックしてくださいませんか。

実戦問題　語彙　Vocabulary / 词汇 / 어휘 / Từ vựng　第6回　／50

問題1　（　　）に入れるのに最もよいものを、1・2・3・4から一つえらびなさい。

Choose what would best go in the (　)s.

（3点× 10 ＝ 30点）

1　台風は今が（　　　　）だ。あすの朝はいい天気になるだろう。

　　1　オフ　　　　　　2　ピーク　　　　　　3　リード　　　　　4　ビーチ

2　このＴシャツ、（　　　　）はいいんだけど、色があまり好きじゃない。

　　1　デザイン　　　　2　サッカー　　　　　3　コスト　　　　　4　プロセス

3　（　　　　）は、42.195キロを走るスポーツです。

　　1　マラソン　　　　2　ヨガ　　　　　　　3　メロディ　　　　4　ハイキング

4　メールを送りたいので、そちらの（　　　　）を教えていただけませんか。

　　1　カラー　　　　　2　アナウンス　　　　3　アドレス　　　　4　ヒーター

5　服が汚れるといけないから、（　　　　）をつけたほうがいいね。

　　1　エプロン　　　　2　ソファー　　　　　3　ファーストフード　4　シートベルト

6　彼はおしゃれで仕事もできて、本当に（　　　　）ですね。

　　1　クール　　　　　2　ユーモア　　　　　3　ピンク　　　　　4　キー

7　1枚目にレポートの（　　　　）を書いてください。

　　1　ドリル　　　　　2　シングル　　　　　3　タイトル　　　　4　ライバル

8　週末には、ハイキングやスポーツなどの（　　　　）を楽しむため、たくさんの人がここを訪れる。

　　1　メディア　　　　2　シンプル　　　　　3　レジャー　　　　4　ポリ袋

9　（　　　　）は、何足持っていますか。

　　1　スカーフ　　　　2　ヘルメット　　　　3　カーディガン　　4　ブーツ

10 台風で電車もバスも（　　　　　）して、会社に行けなくなった。

1　トップ　　　　　　2　ジャンプ　　　　　　3　ストップ　　　　4　クラブ

問題2　＿＿＿＿に意味が最も近いものを１・２・３・４から一つえらびなさい。
Choose the selection that has the most similar meaning.

（4点×3＝12点）

11 仕事でも勉強でも、<u>プロセス</u>が大事だと思う。

1　学校や会社の試験でどんな点数をとるか
2　まず計画を立てようという気持ち
3　結果を出すまでにどんなことをするか
4　自分にはできると信じる気持ち

12 健康のために、毎日ゆっくりとした<u>ペース</u>で1時間歩いています。

1　長さ　　　　　　2　速度　　　　　　3　距離　　　　　　4　広さ

13 くつの<u>サイズ</u>を教えてください。

1　色　　　　　　2　形　　　　　　3　値段　　　　　　4　大きさ

問題3　つぎのことばの使い方として最もよいものを、１・２・３・４から一つえらびなさい。
Choose the most appropriate selection in terms of how it should be used.

（4点×2＝8点）

14 かける・かかる

1　ファックスを<u>かけたい</u>のですが、ファックス番号を教えてください。
2　すみませんが、この書類、コピーを<u>かけて</u>ください。
3　さっきから、サイレンがうるさく<u>かかっている</u>。
4　寒さのせいか、エンジンがうまく<u>かからない</u>。

15 アレンジ

1　車をレストランのそばに<u>アレンジ</u>しました。
2　誕生日にきれいに<u>アレンジ</u>した花をもらいました。
3　クリーニングしたブラウスを<u>アレンジ</u>しました。
4　カレーライスを食べるときは、自分で<u>アレンジ</u>をかけます。

問題　右のページは、関東地方から全国に荷物を送る人に、宅配便の料金を知らせる表の一部である。この表と下の文を読んで、質問に答えなさい。答えは、1・2・3・4から最もよいものをえらびなさい。（5点×2＝10点）

マリアさんは北海道に住んでいますが、今、東京の友達のうちに遊びに来ています。東京で買ったおみやげを北海道の自宅まで宅配便で送るつもりです。

問1　おみやげが80センチサイズの荷物なら、いくらかかるか。

1　756 円
2　972 円
3　1188 円
4　1404 円

問2　マリアさんが<u>できない</u>ことは、どれか。

1　自宅まで 1500 円以下でおみやげを送ること
2　クール宅配便の料金をクレジットカードで払うこと
3　140センチサイズのおみやげを冷たいままで送ること
4　ネットで申し込んで、宅配会社に友達のうちまで荷物を取りに来てもらうこと

関東からの運賃一覧表 （単位：円）

※「サイズ」は、たて・よこ・高さの合計です。

サイズ	北海道	北東北	南東北	関東		クール宅配便 プラス料金
	北海道	青森県 秋田県 岩手県	宮城県 山形県 福島県	茨城県　栃木県 群馬県　埼玉県 千葉県　神奈川県 東京都　山梨県		
60	1188	864	756		756	216 円
80	1404	1080	972		972	216 円
100	1620	1296	1188		1188	324 円
120	1836	1512	1404		1404	648 円
140	2052	1728	1620		1620	-

※ 120 センチサイズ以下なら、冷たいままで送ることができますが、クール宅配便の料金がプラスされます。

※ 当社ホームページから、ご希望の場所までのお荷物のお引き取りのお申し込みができます。

※ お支払いはクレジットカードでもできます。

※ お近くのコンビニでも、お荷物のお受け取りができます。

実戦問題　語彙　Vocabulary / 词汇 / 어휘 / Từ vựng　第7回 ／50

問題1 （　　）に入れるのに最もよいものを、1・2・3・4から一つえらびなさい。
Choose what would best go in the (　)s.

（3点×10＝30点）

1　結婚式に行くなら、（　　　　）服が必要だよ。

　1　イタリアンな　　　　　　　　　2　フォーマルな
　3　ファーストフードの　　　　　　4　ファッションの

2　この大学は（　　　　）が広くて、教室から食堂まで歩いて10分以上かかる。

　1　ダイニングルーム　2　カフェ　　　　3　フロント　　　　4　キャンパス

3　（　　　　）活動に参加したとき、地域の人たちから感謝されてうれしかった。

　1　サラリーマン　　2　アシスタント　　3　ボランティア　　4　パイロット

4　このゲームの（　　　）はかなり複雑だ。

　1　ルール　　　　2　スクール　　　　3　ユーロ　　　　4　ミニ

5　バンドの（　　　）にコンサートの予定が書いてあるので、それを見て、早めにチケット
を買います。

　1　ブログ　　　　　　　　　　　　2　コミュニケーション
　3　ベスト　　　　　　　　　　　　4　キャッシュカード

6　テレビの（　　　）を少し下げてもらえませんか。

　1　アプリ　　　　2　チャンネル　　　3　カプセル　　　4　ボリューム

7　私はからいものが好きなので、料理するときはいろいろな（　　　）を使います。

　1　フライパン　　2　ケチャップ　　　3　スパイス　　　4　オイル

8　今日、街でテレビ局の（　　　）を受けたが、何も答えられなかった。

　1　マナー　　　　2　アナウンサー　　3　マーク　　　　4　インタビュー

9　このマンションは、（　　　）を飼うことができるそうだ。

　1　子ども　　　　2　花　　　　　　　3　ベランダ　　　4　ペット

10　私はいつか作家になって、（　　　　　）を書きたい。

1　キーワード　　　　2　ベストセラー　　　3　モデル　　　　4　マスコミ

問題2　＿＿＿＿に意味が最も近いものを1・2・3・4から一つえらびなさい。
Choose the selection that has the most similar meaning.

（4点×3＝12点）

11　あの会社は、今、ピンチらしい。

1　安全な状態　　　　　　　　　　　　2　人気がある状態
3　休みをとっている状態　　　　　　　4　危ない状態

12　ファンとして、これからもずっと彼のコンサートに行きたいと思います。

1　楽しみ　　　　　　　　　　　　　　2　同じものが好きな仲間
3　喜び　　　　　　　　　　　　　　　4　その人のことが大好きな人

13　スピードは、どのくらいですか。

1　速さ　　　　　　2　大きさ　　　　　3　重さ　　　　　4　長さ

問題3　つぎのことばの使い方として最もよいものを、1・2・3・4から一つえらびなさい。
Choose the most appropriate selection in terms of how it should be used.

（4点×2＝8点）

14　ダイエット

1　食事は、ビタミンが多いダイエットが大切だと言われている。
2　最近太ってしまったから、ダイエットしなくちゃ。
3　働きすぎは、ダイエットがたまる一番の原因です。
4　年をとったら、肉や魚のダイエットをとったほうがいいそうですよ。

15　プレゼンテーション

1　彼は、明日の会議でプレゼンテーションをする予定です。
2　友達にプレゼンテーションするので、明日、デパートに行きます。
3　母の日にカーネーションをプレゼンテーションした。
4　選挙が近くなると、駅前はプレゼンテーションでにぎやかになる。

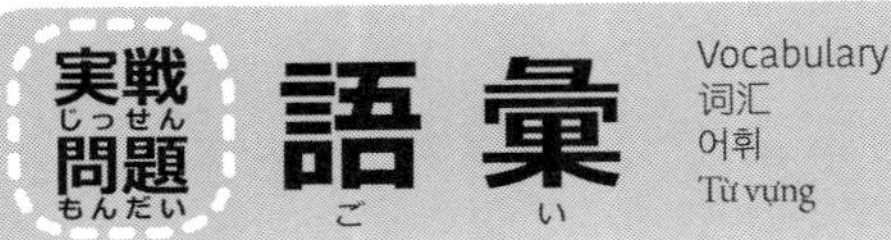

問題1　（　　）に入れるのに最もよいものを、1・2・3・4から一つえらびなさい。
Choose what would best go in the (　　)s.

（3点×10＝30点）

1　とれたジャガイモは、そこの（　　　　）に入れてください．

　　1　はさみ　　　　　　2　じょうぎ　　　　　3　バケツ　　　　　4　ハンガー

2　この案は、アイデアはいいが、（　　　　）がかかりすぎる。

　　1　セール　　　　　　2　デザイン　　　　　3　イメージ　　　　4　コスト

3　ホテル予約と新幹線のチケットが一緒になった（　　　　）旅行が安いですね。

　　1　スタッフ　　　　　2　パック　　　　　　3　トップ　　　　　4カット

4　（　　　　）の建物より木の建物の方が、暖かみがあって好きです。

　　1　コンクリート　　　2　ナイロン　　　　　3　プラスチック　　4　オーケー

5　あそこの、サングラスを（　　　　）いる人はだれですか。

　　1　はいて　　　　　　2　かけて　　　　　　3　着て　　　　　　4　しめて

6　毎日、3キロ（　　　　）しています。

　　1　ジョギング　　　　2　マラソン　　　　　3　サポーター　　　4　ダイエット

7　ネットで買い物をするときの（　　　　）は、盗まれないように気をつけて。

　　1　ウイルス　　　　　2　ムード　　　　　　3　パスワード　　　4　ネットワーク

8　水道（　　　　）は明日の朝までかかるそうだ。

　　1　工事　　　　　　　2　利用　　　　　　　3　コスト　　　　　4　サービス

9　彼女の今日のファッションは、彼女の（　　　　）と合っていないと思う。

　　1　イラスト　　　　　2　イメージ　　　　　3　アイデア　　　　4　ドラマ

10　このブランドの服はちょっと高いから、（　　　　）の時に買ったほうがいいよ。

　　1　マニュアル　　　　2　オペラ　　　　　　3　レース　　　　　4　バーゲン

問題2　＿＿＿＿に意味が最も近いものを１・２・３・４から一つえらびなさい。

Choose the selection that has the most similar meaning.

（4点×3＝12点）

11　昨日、美容院で髪を<u>カットした</u>んだけど、あまり気に入ってない。

1　きれいにした　　　2　洗った　　　3　切った　　　4　黒くした

12　<u>ラストオーダー</u>になりますが、ご注文はございますか。

1　注文したら、キャンセルはできません
2　注文できるのは、今日はこれが最後です
3　注文した料理ができるまでに時間がかかります
4　料理や飲み物が売り切れて、もう注文できません

13　何かいい<u>アイデア</u>はありませんか。

1　考え　　　　　2　予想　　　　　3　結果　　　　　4　話し合い

問題3　つぎのことばの使い方として最もよいものを、１・２・３・４から一つえらびなさい。

Choose the most appropriate selection in terms of how it should be used.

（4点×2＝8点）

14　<u>段ボール</u>

1　スポーツの中では、<u>段ボール</u>が一番好きです。
2　上手に<u>段ボール</u>を投げて、遠くまで飛ばしたい。
3　引っ越しのときに<u>段ボール</u>の箱をたくさん使った。
4　<u>段ボール</u>を登るより、エスカレーターを使うほうが楽だ。

15　<u>ハード</u>

1　彼は毎日<u>ハード</u>な練習を続け、ついに優勝した。
2　彼女はクラスで一番の<u>ハード</u>だと言われている。
3　山田選手のすばらしい<u>ハード</u>に、観客は拍手を送った。
4　表計算ソフトを使って、新製品を<u>ハード</u>した。

問題 1　（　　　）に入れるのに最もよいものを、1・2・3・4から一つえらびなさい。

Choose what would best go in the (　　)s.

（3点 × 10 ＝ 30点）

1　患者一人一人の心の（　　　　）ができる看護師になりたい。

　　1　リーダー　　　　　2　セミナー　　　　　3　ケア　　　　　4　コンテスト

2　何が起きても、あわてず、（　　　　）にならないようにしましょう。

　　1　ガソリン　　　　　2　パニック　　　　　3　スマート　　　　　4　パワー

3　このカメラは、暗いところでも（　　　　）なしで写せます。

　　1　フラッシュ　　　　2　ケーブル　　　　　3　ポイント　　　　　4　ヘッドホン

4　山で火事が起きると、（　　　　）からも水をかけるそうだ。

　　1　ヘリコプター　　　2　モノレール　　　　3　タワー　　　　　4　ブレーキ

5　ロック（　　　　）では、ギターはとても重要な楽器です。

　　1　バンド　　　　　　2　ファン　　　　　　3　チーム　　　　　4　ジム

6　学校関係の書類は、まとめて（　　　　）してあります。

　　1　データ　　　　　　2　フォルダー　　　　3　ネット　　　　　4　ファイル

7　彼は今回のテストでも、クラスで（　　　　）の点数を取って、先生にほめられた。

　　1　センター　　　　　2　デザイナー　　　　3　コーチ　　　　　4　トップ

8　あの二人が別れてしまったなんて、（　　　　）だ。

　　1　ショック　　　　　2　クラシック　　　　3　セキュリティ　　　4　リラックス

9　留守番電話「ただいま留守にしています。（　　　　）をお願いします」

　　1　ミーティング　　　2　メモリー　　　　　3　メイク　　　　　4　メッセージ

10　「＋」はプラス、「−」は（　　　　）の記号です。

　　1　ゼロ　　　　　　　2　トン　　　　　　　3　マイナス　　　　4　リクエスト

問題2　＿＿＿＿に意味が最も近いものを１・２・３・４から一つえらびなさい。

Choose the selection that has the most similar meaning.

（４点×３＝12点）

11 ハンカチは、<u>コットン</u>のものが一番使いやすい。

1 毛（け）　　　　　　2 綿（めん）　　　　　　3 シルク　　　　　　4 ウール

12 今日の買い物で<u>ポイント</u>がたくさんたまった。

1 文字（もじ）　　　　2 数字（すうじ）　　　　3 点数（てんすう）　　4 値段（ねだん）

13 このかばんは、<u>セールで</u>買いました。

1 クレジットカードを使わないで　　　　2 いつも安い店で
3 商品（しょうひん）を安く売っているときに　　　　4 支払（しはら）いを分けて

問題3　つぎのことばの使い方として最もよいものを、１・２・３・４から一つえらびなさい。

Choose the most appropriate selection in terms of how it should be used.

（４点×２＝８点）

14 オフィス

1 質問（しつもん）があったら、<u>オフィス</u>な時に来てください。
2 この机（つくえ）は、家庭（かてい）ではなく、<u>オフィス</u>で使いやすいように作られています。
3 レポートを書くときは、いつもパソコンで<u>オフィス</u>します。
4 リーダーの<u>オフィス</u>の一つは、みんなの意見をよく聞くことだ。

15 アナログ

1 女性の役割（やくわり）は子どもを産（う）むことだなんて、<u>アナログ</u>なことを言わないでください。
2 メールは簡単（かんたん）に送れて便利だが、私は手紙という<u>アナログ</u>な方法が好きだ。
3 <u>アナログ</u>なときは、そのままにしないで、すぐネットで調（しら）べてください。
4 私は<u>アナログ</u>人間だから、アウトドアのスポーツが苦手（にがて）です。

実戦問題（じっせんもんだい）　情報検索（じょうほうけんさく）
Information Lookup
情报检索
정보 검색
Tìm kiếm thông tin

第3回（だいかい）　／10

問題　右のページは吉田（よしだ）さんが入っているギタークラブのＯＢ会の練習案内（あんない）である。これを読ん
で下の質問に答えなさい。答えは、1・2・3・4から最もよいものを一つえらびなさい。

（5点×2＝10点）

問1　吉田（よしだ）さんは1人で寝たいと思っている。吉田（よしだ）さんがえらべる部屋（へや）はどれか。

1　201 号室または 202 号室
2　203 号室または 204 号室
3　202 号室または 205 号室
4　204 号室または 206 号室

問2　案内（あんない）の内容（ないよう）と合（あ）っているものはどれか。

1　泊まるところはペンションで、11 時にチェックインする。
2　ミーティングではレッスンの仕方について話し合う。
3　午前中にフリーの時間はない。
4　チェックアウトは昼食の前にする。

ギタークラブＯＢ会^(注)　夏の練習
ご案内

　8月1日から3日まで、10月のコンサートのための練習を河口湖近くのペンション「モナリザ」で行います。ギタリストの佐藤先生、ピアニストの田中先生も参加されます。

　集合場所はペンションの玄関前です。11時半に全員でチェックインします。遅れないようにしてください。スケジュール、部屋については、つぎのとおりです。

1.　スケジュール

月日 時間	8月1日	8月2日	8月3日
7:00		朝食	朝食
9:00		練習	練習
11:30	チェックイン		
12:00	昼食	昼食	昼食
13:00	フリー	練習	チェックアウト 解散
15:00	練習		
16:30	フリー	フリー	
18:30	夕食	夕食	
20:00	練習	ミーティング	

2.　部屋 （12名）

① 佐藤先生は 201 号室 （シングル）、田中先生は 208 号室 （シングル） です。

② 渡辺さん、山田さんのご夫妻は、203 号室 （ダブル） と 207 号室 （ツイン） を用意しました。相談して部屋を決めてください。

③ ほかの方は、202 号室 （ツイン）、204 号室 （シングル）、205 号室 （ツイン）、206 号室 （シングル） です。シングルを希望される方は、山田に言ってください。チェックインのあとにカギを渡します。

3.　ミーティングで話し合う内容

① コンサートのプログラムについて

② コンサートのアンケートの取り方について

（注）ＯＢ：その学校の卒業生

問題 1　（　　　）に入れるのに最もよいものを、1・2・3・4から一つえらびなさい。
Choose what would best go in the (　)s.

（3点× 10 ＝ 30点）

1　風邪をひいたときは、（　　　　）をとったほうがよい。

　　1　ビタミン　　　　　2　アレルギー　　　　3　クリニック　　　4　ヘルシー

2　お花の（　　　　）なら、やはりバラが一番いいと思います。

　　1　ゴール　　　　　　2　ギフト　　　　　　3　レジュメ　　　　4　マッサージ

3　ネットに（　　　　）できないときは、電話で相談してください。

　　1　アドレス　　　　　2　アナログ　　　　　3　アクセス　　　　4　ユーモア

4　お弁当を温めるときは、そこの（　　　　）レンジを使ってください。

　　1　電気　　　　　　　2　電子　　　　　　　3　電化　　　　　　4　電力

5　夏休みに（　　　　）場に行って、外でごはんを作ったり、テントで寝たりしました。

　　1　アウトドア　　　　2　メーカー　　　　　3　キャンプ　　　　4　エコ

6　バスを降りたらすぐに電車が来て、（　　　　）よく乗れた。

　　1　ミーティング　　　2　トライ　　　　　　3　サポート　　　　4　タイミング

7　ハイヒールを（　　　　）と、疲れてしまう。

　　1　着る　　　　　　　2　つける　　　　　　3　する　　　　　　4　はく

8　このマンションは（　　　　）がとてもしっかりしているので、一人暮らしでも安心です。

　　1　セキュリティー　　2　ボーナス　　　　　3　サポーター　　　4　レクリエーション

9　仕事のことで何か困ったときは、（　　　　）してあげますよ。

　　1　パート　　　　　　2　チーム　　　　　　3　プロジェクト　　4　フォロー

10　（　　　　　）問題は、環境問題といっしょに考えるべきものだ。

1　エネルギー　　　　　　　　　　　2　インフォメーション
3　システム　　　　　　　　　　　　4　バランス

問題2　＿＿＿＿に意味が最も近いものを１・２・３・４から一つえらびなさい。
Choose the selection that has the most similar meaning.

（4点×3＝12点）

11　妹は、ダイエットをして、だいぶ<u>スリム</u>になった。

1　リスク　　　　　2　リスト　　　　　3　ムード　　　　　4　スマート

12　彼女と家具の<u>カタログ</u>を見て注文した。

1　商品がのっている本　　　　　　　2　写真の本
3　使い方の説明の紙　　　　　　　　4　絵がかいてある本

13　こちらが<u>バスルーム</u>です。

1　バス停　　　　　2　台所　　　　　3　おふろ　　　　　4　ベランダ

問題3　つぎのことばの使い方として最もよいものを、１・２・３・４から一つえらびなさい。
Choose the most appropriate selection in terms of how it should be used.

（4点×2＝8点）

14　ルート

1　この木は<u>ルート</u>がじょうぶだから、毎年きれいな花が咲く。
2　山登りの安全な<u>ルート</u>はどれか、地図を見て確かめよう。
3　あの人は時間に<u>ルート</u>だから、いつも約束に遅れて来る。
4　この映画は、有名な事件に<u>ルート</u>しているそうだ。

15　フレッシュ

1　4月になると、<u>フレッシュ</u>な新入社員が入ってきて、社内が明るくなる。
2　さわやかなレモンジュースで、気分が<u>フレッシュ</u>する。
3　あの人は、何を言っても反対する<u>フレッシュ</u>な人で、みんなに嫌われている。
4　ここは暗いので、<u>フレッシュ</u>がないと写真が撮れない。

問題1　（　　　）に入れるのに最もよいものを、1・2・3・4から一つえらびなさい。
Choose what would best go in the (　)s.

（3点×10＝30点）

1　3日かけて山に登ろうと思う。登山中は（　　　　）の中で寝るつもりだ。

　　1　レジ　　　　　　2　テント　　　　　3　クリップ　　　　4　バケツ

2　そんなに（　　　　）な言い方はよくないですよ。

　　1　リッチ　　　　　2　エラー　　　　　3　スペシャル　　　4　ストレート

3　スポーツは楽しいが、（　　　　）になるのは大変なことだ。

　　1　プロ　　　　　　2　サークル　　　　3　ゴール　　　　　4　リード

4　このかばんは、主に仕事で使う（　　　　）用として売られている。

　　1　ビジネス　　　　2　プライベート　　3　サポーター　　　4　ヒント

5　お支払いは現金ですか、（　　　　）ですか。

　　1　キャッシュ　　　　　　　　　　2　クレジットカード
　　3　ディスク　　　　　　　　　　　4　シンボル

6　コーヒーにたくさん（　　　　）を入れて飲むのが好きだ。

　　1　ドリンク　　　　2　クーラー　　　　3　ポテト　　　　　4　クリーム

7　彼は（　　　　）な性格で、借りたものをなかなか返さない。

　　1　ソフト　　　　　2　カジュアル　　　3　ルーズ　　　　　4　ハンサム

8　彼の（　　　　）はいつも周りの人を楽しくさせる。

　　1　ジョーク　　　　　　　　　　　2　フェスティバル
　　3　サイン　　　　　　　　　　　　4　カンニング

9　このクイズは難しいですねえ。全然わからないので、何か（　　　　）をください。

　　1　テキスト　　　　　　　　　　　2　コミュニケーション
　　3　ヒント　　　　　　　　　　　　4　サービス

10　運動する前に軽く（　　　　　　）をして体を温めたほうがいい。

1　キャッチ　　　　　　　　　　　　2　スタッフ
3　ウォーミングアップ　　　　　　　4　ガイド

問題2　＿＿＿＿に意味が最も近いものを１・２・３・４から一つえらびなさい。
Choose the selection that has the most similar meaning.

（4点×3＝12点）

11　試験でカンニングをすると退学になる。

1　ほかの人の答えや本を見て書く　　2　途中でだまって教室を出る
3　間違った答えを書く　　　　　　　4　きたない字で答えを書く

12　先生に、テキストを忘れないようにしてくださいと言われた。

1　服　　　　　　2　ノート　　　　3　教科書　　　　4　紙

13　駅前に、新しいレストランがオープンしたそうだ。

1　紹介された　　　2　なくなった　　　3　閉店した　　　4　開店した

問題3　つぎのことばの使い方として最もよいものを、１・２・３・４から一つえらびなさい。
Choose the most appropriate selection in terms of how it should be used.

（4点×2＝8点））

14　リラックス

1　困ったら、いつでもリラックスを送ってください。
2　今はリラックスなので、とても忙しいです。
3　休みの日に温泉に行って、リラックスしたいです。
4　リラックスがあると、自信を持てないので大変だ。

15　チャージ

1　海外旅行のために、円をドルにチャージした。
2　先生、レポートをチャージしていただけませんか。
3　チャージ精神は、人生で最も大切なものです。
4　ICカードのチャージは、あちらの機械をご利用ください。

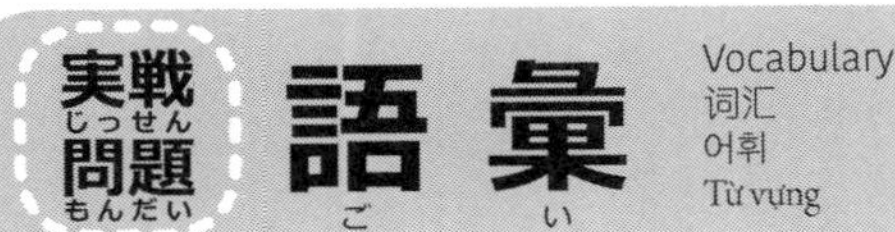

問題1　（　　）に入れるのに最もよいものを、1・2・3・4から一つえらびなさい。
Choose what would best go in the (　)s.

（3点× 10 ＝ 30点）

1　目覚まし時計の代わりに、スマホの（　　　　）を使っています。

　　1　アラーム　　　　　2　ブーム　　　　　3　カップル　　　　4　エンジン

2　（　　　　）は、買う前に一度、はいてみたほうがいいよ。

　　1　リュックサック　　2　レインコート　　3　ミニスカート　　4　ベンチ

3　船便は安いけど時間がかかるから、やっぱり（　　　　）で送ろう。

　　1　ワープロ　　　　　2　リサイクル　　　3　レジャー　　　　4　エアメール

4　日本語能力試験の N3（　　　　）の漢字は全部読める。

　　1　マナー　　　　　　2　モデル　　　　　3　レベル　　　　　4　キャプテン

5　電子レンジの（　　　　）を3分にセットしよう。

　　1　レンズ　　　　　　2　タイマー　　　　3　ケーブル　　　　4　センス

6　特にこの商品は、（　　　　）の意見がヒントになって生まれたものです。

　　1　ユーザー　　　　　2　リズム　　　　　3　アクセント　　　4　サンプル

7　旅行には必ず（　　　　）を持っていきます。

　　1　ウォーキング　　　2　ガイドブック　　3　ペット　　　　　4　リラックス

8　つぎの急行は、3番（　　　　）に着くそうです。

　　1　ホール　　　　　　2　ホーム　　　　　3　ボート　　　　　4　ルート

9　胃が痛いので病院に行ったら、（　　　　）写真をとられた。

　　1　イメージ　　　　　2　レントゲン　　　3　ストレス　　　　4　アレルギー

10　家の前に（　　　　）が止まっている。何かあったのかなあ。

　　1　トンネル　　　　　2　ブレーキ　　　　3　カーブ　　　　　4　パトカー

問題2　＿＿＿＿＿に意味が最も近いものを１・２・３・４から一つえらびなさい。

Choose the selection that has the most similar meaning.

（4点×3＝12点）

11　資料に<u>イラスト</u>を入れてもいいでしょうか。

1　表　　　　　　　2　絵　　　　　　　3　写真　　　　　　　4　まとめ

12　4月から新しい生活が<u>スタートした</u>が、まだ慣れない。

1　開いた　　　　　2　進んだ　　　　　3　起きた　　　　　　4　始まった

13　この辺に<u>コインランドリー</u>はありませんか。

1　お金を払って洗濯機を使う場所　　　　2　お金を払って車を洗う場所
3　人の手で洗濯してくれる店　　　　　　4　人の手で車を洗ってくれる店

問題3　つぎのことばの使い方として最もよいものを、１・２・３・４から一つえらびなさい。

Choose the most appropriate selection in terms of how it should be used.

（4点×2＝8点）

14　レンタル

1　お金があまりないので、CD は<u>レンタル</u>して聞いている。
2　友達から<u>レンタル</u>した 2000 円を今日返さなければ。
3　大学の図書館の本は２週間<u>レンタル</u>できる。
4　仕事をするには、体力も<u>レンタル</u>も大切だ。

15　ホームステイ

1　留学中は、大学のキャンパス内にある寮で<u>ホームステイ</u>した。
2　仕事で北海道に行ったとき、会社の寮に<u>ホームステイ</u>した。
3　今年の夏休みは、親せきの家に１週間<u>ホームステイ</u>するつもりだ。
4　これは、留学で<u>ホームステイ</u>したときにホストファミリーと撮った写真です。

実戦問題　情報検索　じょうほうけんさく

Information Lookup
情報検索
정보 검색
Tìm kiếm thông tin

第4回　だい　かい　／10

問題　右のページは、コーヒーショップから来たメールと、その店のメニューである。これを読んで、下の質問に答えなさい。答えは、1・2・3・4から最もよいものを一つえらびなさい。（5点×2＝10点）

問1　このメールを受け取った林さんは、7月31日にこの店に行き、アップルパイと紅茶を注文したいと考えている。一番安くなるように注文すると、いくらになるか。

1　650円
2　600円
3　550円
4　500円

問2　このメールを受け取った山田さんは、コーヒーとドーナツを1つずつテイクアウトしたいと考えている。いつ買いに行ったら一番安く買えるか。

1　7月25日
2　7月26日か27日
3　7月25日か26日か27日
4　いつでも同じ

===
フレッシュコーヒーショップからのうれしいお知らせ
===

★いつもご利用くださっているお客様に
＼＼特別クーポンをプレゼント！／／

【使用期間】　7月25日（月）〜7月31日（日）
　　※この期間が終わると、使えません。

【ご利用の注意】
　　※このメールが届いたお客様だけへの特別クーポンです。
　　この画面をレジでお見せください。
　　各クーポンで、ご注文の品を1つ割引いたします。
　　セット料金からの割引は「ケーキセット」と書いてある日だけです。
　　テイクアウトでもご利用いただけます。

25日クーポン	26・27日クーポン	28・29日クーポン	30・31日クーポン
ケーキセット 80円引き	ドリンク 80円引き	スイーツ 50円引き	アップルパイ 100円引き

❧ メニュー ❧

ドリンク

コーヒー：350円
紅茶：350円
ココア：400円

スイーツ

チーズケーキ：350円
アップルパイ：300円
ドーナツ：250円

ケーキセット：ドリンクとスイーツのセットで600円

さくいん

Index ／索引／색인／Chỉ mục

● 著者

清水　知子（横浜国立大学・東京農業大学非常勤講師）
大場理恵子（東京農業大学非常勤講師）
棚橋　明美（聖学院大学特任講師）
渡邉　亜子（元明海大学非常勤講師）

カバーデザイン	滝デザイン事務所
レイアウト・DTP	オッコの木スタジオ
本文イラスト	杉本千恵美／白須道子
翻訳	Alex Ko Ransom ／司馬黎／
	宋貴淑／近藤美佳
編集協力	高橋尚子

ご意見・ご感想は下記の URL までお寄せください。
https://www.jresearch.co.jp/contact/

日本語能力試験問題集 Ｎ３カタカナ語スピードマスター

平成 30 年（2018 年）　1 月 10 日　初版 第 1 刷発行
令和 2 年（2020 年）　2 月 10 日　　　第 2 刷発行

著　者　　清水知子・大場理恵子・棚橋明美・渡邉亜子
発行人　　福田富与
発行所　　有限会社Ｊリサーチ出版
　　　　　〒166-0002　東京都杉並区高円寺北 2-29-14-705
電　話　　03(6808)8801（代）　FAX　03(5364)5310
編集部　　03(6808)8806
　　　　　https://www.jresearch.co.jp
　　　　　twitter 公式アカウント　@ Jresearch_
　　　　　https://twitter.com/Jresearch_
印刷所　　中央精版印刷株式会社

ISBN 978-4-86392-372-0

別冊
解答・解説

Separate volume: answers, commentary
分册 解答、说明
별책 해답 · 해설
Phần đáp án - hướng dẫn giải

解答
かいとう

N5 復習ドリル　第1回
ふくしゅう　　　　だい　かい

問題1　①b　②b　③a　④b　⑤d
もんだい

問題2　①b　②a　③a　④b　⑤a
もんだい

問題3　①a　②b　③b　④a　⑤b
もんだい

問題4　①b　②e　③d　④a　⑤c
もんだい

問題5　①b　②d　③c　④e　⑤a
もんだい

N5 復習ドリル　第2回
ふくしゅう　　　　だい　かい

問題1　①b　②a　③c　④c　⑤c
もんだい

問題2　①b　②b　③a　④b　⑤a
もんだい

問題3　①b　②b　③b　④a　⑤a
もんだい

問題4　①c　②a　③d　④b　⑤e
もんだい

問題5　①b　②c　③a　④d　⑤e
もんだい

N5 実力テスト
じつりょく

問題1　①1　②3　③4　④1　⑤1
もんだい　⑥1　⑦2　⑧2　⑨3　⑩1

問題2　①3　②1　③4　④1
もんだい

解答
（かいとう）

N4 復習ドリル（ふくしゅう）　第1回（だい　かい）

問題1（もんだい）

①

(A)	(B)
コーヒーカップ スプーン ナイフ メニュー	トイレ ドア アパート ロビー

②

(A)	(B)
ベルト ズボン コート マフラー シャツ ネクタイ	アイスコーヒー カレーライス スープ チョコレート オレンジ ハンバーガー

問題2（もんだい）　①a、a　②b　③b　④b、b　⑤a、b　⑥b、b

問題3（もんだい）　①a　②b　③b　④a　⑤a

問題4（もんだい）　①d　②c　③e　④a　⑤b

問題5（もんだい）　①d　②e　③a　④c　⑤b

N4 復習ドリル（ふくしゅう）　第2回（だい　かい）

問題1（もんだい）

①

(A)	(B)
バスケットボール テニス ゴルフ バレーボール ボウリング	センチ ミリ ドル キログラム メートル

②

(A)	(B)
アイスクリーム ジャム ハンバーグ ビスケット スパゲティー	ファックス ベル テレビ リモコン カメラ

問題2（もんだい）　①b、b　②a、a　③a、a　④b、a、b　⑤a

問題3（もんだい）　①a　②b　③b　④a　⑤b

問題4（もんだい）　①e　②d　③c　④a　⑤b

問題5（もんだい）　①a　②c　③b　④d　⑤e

N4 実力テスト（じつりょく）

問題1（もんだい）　①2　②3　③4　④4　⑤1　⑥2　⑦1　⑧3　⑨4　⑩4

問題2（もんだい）　①1　②3　③2　④4　⑤1

解答
（かいとう）

❶ 食べ物・食器
（た　もの　しょっき）

1. ①c ②i ③a ④f ⑤b ⑥d ⑦g
⑧e ⑨h

2. ①g ②b ③d ④a ⑤c ⑥e ⑦f

3. ①a ②i ③e ④d ⑤c ⑥g ⑦h
⑧b ⑨j ⑩k ⑪f

5. ①b ②a ③a ④b ⑤b ⑥a ⑦a
⑧a ⑨a ⑩a ⑪b ⑫b ⑬a ⑭a
⑮b

❷ 服・くつ
（ふく）

1. ①h ②i ③f ④d ⑤j ⑥a ⑦c
⑧e ⑨b ⑩g

2. ①b ②e ③d ④c ⑤f ⑥a ⑦g

3. ①e ②a ③c ④b ⑤f ⑥d ⑦g

5. ①a ②a ③b ④a ⑤b ⑥b ⑦a
⑧a ⑨b ⑩a ⑪b ⑫b、a ⑬a

❸ 家・店・設備
（いえ　みせ　せつび）

1. ①d ②a ③g ④j ⑤e ⑥i ⑦b
⑧f ⑨h ⑩c

2. ①d ②e ③f ④c ⑤b ⑥g ⑦a

3. ①e ②k ③b ④i ⑤h ⑥c ⑦d
⑧j ⑨a ⑩g ⑪f

5. ①b ②a ③a ④a ⑤b ⑥a ⑦b
⑧b ⑨b ⑩a ⑪b ⑫a ⑬a ⑭b
⑮b

❹ 文具・材料
（ぶんぐ　ざいりょう）

1. ①a ②d ③f ④e ⑤c ⑥b ⑦g

2. ①d ②c ③a ④b

3. ①a ②f ③d ④e ⑤b ⑥g ⑦h
⑧c

5. ①a ②b ③b ④a、a ⑤b ⑥a ⑦a
⑧b ⑨b

❺ 機械・道具・部品
（きかい　どうぐ　ぶひん）

1. ①b ②f ③c ④d ⑤g ⑥e ⑦a

2. ①a ②c ③b ④f ⑤d ⑥e ⑦g

3. ①a ②b ③f ④c ⑤e ⑥d

5. ①a ②b ③a ④a ⑤a ⑥a ⑦b
⑧b ⑨a ⑩b ⑪b ⑫a ⑬b

❻ 交通・場所
（こうつう　ばしょ）

1. ①j ②k ③l ④i ⑤h ⑥m ⑦a
⑧g ⑨d ⑩e ⑪b ⑫f ⑬c

2. ①f ②a ③c ④g ⑤e ⑥d ⑦b

3. ①b ②e ③c ④g ⑤d ⑥h ⑦f
⑧a

5. ①a ②a ③a ④b ⑤b ⑥a ⑦b
⑧a ⑨a ⑩a ⑪b ⑫b

❼ 趣味
（しゅみ）

1. ①h ②c ③a ④d ⑤b ⑥e ⑦g
⑧f

2. ①d ②e ③a ④f ⑤c ⑥b ⑦g

3. ①h ②j ③c ④g ⑤e ⑥f ⑦d
⑧k ⑨b ⑩i ⑪a

5. ①b ②a ③b ④b ⑤a ⑥a ⑦a
⑧b ⑨a ⑩b ⑪b ⑫a ⑬a ⑭b

❽ 心と体
（こころ　からだ）

1. ①c ②b ③d ④e ⑤a

2. ①f ②b ③d ④a ⑤c ⑥e

3. ①a ②h ③j ④d ⑤g ⑥e ⑦b
⑧i ⑨f ⑩c

5. ①b ②a ③b ④b ⑤a ⑥a ⑦a
⑧b ⑨b ⑩a ⑪b ⑫a

❾ 仕事・商品
しごと　しょうひん

1．①b　②a　③c　④g　⑤h　⑥d　⑦e
　　⑧f

2．①b　②d　③e　④a　⑤c

3．①b　②a　③h　④e　⑤d　⑥g　⑦c
　　⑧f

5．①a　②b　③a　④b　⑤b　⑥b　⑦a
　　⑧a　⑨b　⑩a　⑪a

❿ 職業・組織
しょくぎょう　そしき

1．①c　②b　③d　④a

2．①d　②c　③a　④b　⑤e　⑥g　⑦f

3．①g　②c　③b　④f　⑤a　⑥d　⑦e

5．①b　②a　③a　④b　⑤b　⑥b　⑦a
　　⑧a　⑨b　⑩a　⑪a　⑫a　⑬b

⓫ 数量・単位
すうりょう　たんい

1．①c　②a　③d　④b

2．①f　②a　③h　④g　⑤e　⑥b　⑦d
　　⑧c

3．①d　②e　③b　④a　⑤c

5．①a　②a　③b　④b　⑤b　⑥a　⑦b
　　⑧b　⑨a　⑩b

⓬ 色・形・状態①
いろ　かたち　じょうたい

1．①e　②d　③a　④b　⑤c

2．①h　②a　③e　④g　⑤f　⑥d　⑦c
　　⑧b

3．①g　②a　③f　④e　⑤b　⑥c　⑦d

5．①a　②b　③a　④a　⑤b　⑥a　⑦b、b
　　⑧b　⑨a　⑩a　⑪a　⑫b

⓭ 色・形・状態②
いろ　かたち　じょうたい

1．①b　②c　③a

2．①b　②a　③f　④c　⑤e　⑥d　⑦g

3．①d　②h　③g　④c　⑤b　⑥a　⑦e
　　⑧f

5．①a　②b　③a　④a　⑤b　⑥a　⑦b
　　⑧a　⑨a　⑩a　⑪b　⑫b　⑬b　⑭a

⓮ 動作・行為①
どうさ　こうい

1．①e　②b　③f　④a　⑤c　⑥d

2．①e　②a　③b　④d　⑤f　⑥c　⑦g

3．①c　②a　③e　④b　⑤d

5．①a　②b　③a　④a　⑤b　⑥a　⑦b
　　⑧a　⑨a　⑩b　⑪b　⑫a

⓯ 動作・行為②
どうさ　こうい

1．①c　②a　③d　④b

2．①e　②f　③d　④c　⑤b　⑥a

3．①b　②c　③a　④e　⑤d　⑥f

5．①b　②a　③b　④a　⑤b　⑥b　⑦b
　　⑧b　⑨a　⑩a　⑪a

⓰ 情報・パソコン
じょうほう

1．①c　②b　③a　④d

2．①e　②d　③a　④b　⑤c　⑥f

3．①c　②f　③b　④d　⑤a　⑥e

5．①a　②a　③b　④a、b　⑤b　⑥a、b
　　⑦a　⑧b　⑨b　⑩b　⑪b　⑫a

⓱ 産業・技術
さんぎょう　ぎじゅつ

1．①b　②a　③d　④e　⑤c　⑥f　⑦g

2．①e　②a　③c　④f　⑤g　⑥d　⑦b

3．①g　②h　③f　④d　⑤c　⑥b　⑦e
　　⑧a

5．①a　②b　③b　④a　⑤a　⑥a　⑦b
　　⑧a　⑨a　⑩b

語彙（ごい）　第1回（だいかい）

問題1（もんだい）　① 2　② 1　③ 2　④ 1　⑤ 2
　　　　　　　⑥ 3　⑦ 4　⑧ 3　⑨ 2　⑩ 4

問題2（もんだい）　⑪ 4　⑫ 3　⑬ 1

問題3（もんだい）　⑭ 3　⑮ 4

語彙（ごい）　第2回（だいかい）

問題1（もんだい）　① 3　② 4　③ 2　④ 4　⑤ 1
　　　　　　　⑥ 1　⑦ 1　⑧ 2　⑨ 4　⑩ 3

問題2（もんだい）　⑪ 1　⑫ 3　⑬ 4

問題3（もんだい）　⑭ 1　⑮ 4

語彙（ごい）　第3回（だいかい）

問題1（もんだい）　① 2　② 3　③ 3　④ 2　⑤ 1
　　　　　　　⑥ 3　⑦ 4　⑧ 4　⑨ 1　⑩ 3

問題2（もんだい）　⑪ 4　⑫ 2　⑬ 3

問題3（もんだい）　⑭ 4　⑮ 1

語彙（ごい）　第4回（だいかい）

問題1（もんだい）　① 4　② 3　③ 2　④ 4　⑤ 3
　　　　　　　⑥ 2　⑦ 4　⑧ 1　⑨ 3　⑩ 1

問題2（もんだい）　⑪ 4　⑫ 1　⑬ 2

問題3（もんだい）　⑭ 4　⑮ 3

語彙（ごい）　第5回（だいかい）

問題1（もんだい）　① 3　② 2　③ 4　④ 2　⑤ 2
　　　　　　　⑥ 4　⑦ 3　⑧ 2　⑨ 1　⑩ 1

問題2（もんだい）　⑪ 2　⑫ 1　⑬ 3

問題3（もんだい）　⑭ 3　⑮ 3

語彙（ごい）　第6回（だいかい）

問題1（もんだい）　① 2　② 1　③ 1　④ 3　⑤ 1
　　　　　　　⑥ 1　⑦ 3　⑧ 3　⑨ 4　⑩ 3

問題2（もんだい）　⑪ 3　⑫ 2　⑬ 4

問題3（もんだい）　⑭ 4　⑮ 2

情報検索（じょうほうけんさく）　第1回（だいかい）

問1（とい）　4

　サッカー、バスケットボール、バレーボールはグループで利用（りよう）するスポーツ。カラオケはスポーツではない。

問2（とい）　2

　土日祝（どにちしゅく）のフリータイムコースで、「一般2人（いっぱんふたり）＋子ども1人（こひとり）」の場合（ばあい）。2800円（えん）×2＋800円（えん）＝6400円（えん）。

情報検索（じょうほうけんさく）　第2回（だいかい）

問1（とい）　4

　東京（とうきょう）から北海道（ほっかいどう）に荷物（にもつ）を送（おく）る場合（ばあい）、料金表（りょうきんひょう）のいちばん左側（ひだりがわ）を見（み）る。荷物（にもつ）は80センチサイズなので、1404円（えん）。

問2（とい）　3

　東京（とうきょう）から北海道（ほっかいどう）に荷物（にもつ）を送（おく）る場合（ばあい）、80センチサイズ以下（いか）なら1500円以下（えんいか）で送（おく）ることができる。料金表（りょうきんひょう）の下（した）の注意書（ちゅうい が）きに、「クレジットカードも使（つか）える」、また「インターネットでホームページにアクセスすれば宅配会社（たくはいがいしゃ）から荷物（にもつ）を取（と）りに行（い）く」と書（か）いてある。しかし、「クール宅配便は 120 センチサイズまで」
と書いてあるので、140 センチサイズのも
のを冷たいままで送ることはできない。

語彙　　　　　　　第7回

問題1　　1 2　　2 4　　3 3　　4 1　　5 1
　　　　　6 4　　7 3　　8 4　　9 4　　10 2

問題2　　11 4　　12 4　　13 1

問題3　　14 2　　15 1

語彙　　　　　　　第8回

問題1　　1 3　　2 4　　3 2　　4 1　　5 2
　　　　　6 1　　7 3　　8 1　　9 2　　10 4

問題2　　11 3　　12 2　　13 1

問題3　　14 3　　15 1

語彙　　　　　　　第9回

問題1　　1 3　　2 2　　3 1　　4 1　　5 1
　　　　　6 4　　7 4　　8 1　　9 4　　10 3

問題2　　11 2　　12 3　　13 3

問題3　　14 2　　15 2

情報検索　　　　　　第3回

問1　　4
　　201、203、207、208 の各部屋の利用
者（6名）はすでに決まっている。一人（での
利用）を希望する人はシングルの部屋になる。
選べる部屋は 204 号室または 206 号室。

問2　　3
　　1　11 時にチェックインする→×
　　2　レッスンの仕方について話し合う→×
　　4　チェックアウトは昼食の前→×

語彙　　　　　　　第10回

問題1　　1 1　　2 2　　3 3　　4 2　　5 3
　　　　　6 4　　7 4　　8 4　　9 4　　10 1

問題2　　11 4　　12 1　　13 3

問題3　　14 2　　15 1

語彙　　　　　　　第11回

問題1　　1 2　　2 4　　3 1　　4 1　　5 2
　　　　　6 4　　7 3　　8 1　　9 3　　10 3

問題2　　11 1　　12 3　　13 4

問題3　　14 3　　15 4

語彙　　　　　　　第12回

問題1　　1 1　　2 3　　3 4　　4 3　　5 2
　　　　　6 1　　7 2　　8 2　　9 2　　10 4

問題2　　11 2　　12 4　　13 1

問題3　　14 1　　15 4

情報検索　　　　　　第4回

問1　　3
　　7月 31 日はアップルパイ（300 円）が
100 円引きで 200 円になる。紅茶は 350
円だから、200 円＋ 350 円＝ 550 円。

問2　　3
　　割引なしの値段は、コーヒー（350 円）とドー
ナツ（250 円）で 600 円になり、ケーキセッ
トの値段と同じ。つまり、ケーキセット 80
円引きの日（7月 25 日）、ドリンク 80 円
引きの日（7月 26，27 日）の3日間が一
番安くなる（600 円－ 80 円＝ 520 円）。